인문학 일러스토리 I

모든 것은 그리스에서 시작되었다

인문학 일러스토리 I

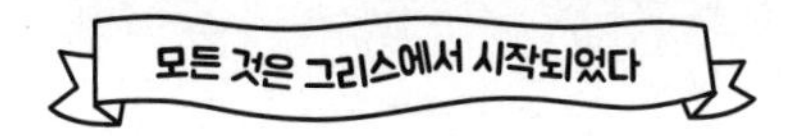

곽동훈 지음 · 신동민 일러스트

GEOBOOK 지오북

We are all Greeks

우리는 모두 그리스인이다

> 우리는 모두 그리스인이다. 우리의 법률, 문학, 종교, 예술은 모두 그리스에 뿌리를 두고 있다.
>
> – 퍼시 비시 셸리, 극시劇詩 「헬라스*Hellas*」의 서문에서

실제로 그렇습니다. 『프랑켄슈타인』으로 유명한 소설가 메리 셸리의 남편이자 19세기 영국 낭만주의의 대표 시인인 퍼시 비시 셸리의 말은 120퍼센트 정확합니다.

우리가 서양이라고 부르는 문명의 기초는 오래전 발칸반도 끄트머리에서 시작해 터키 서해안을 중심으로 지중해 인근 전역에 퍼져 살았던 그리스 사람들이 닦은 것이라 해도 과언이 아닙니다. 적어도 '서구 문명'만 보면 법률, 문학, 종교, 예술뿐 아니라 정치, 외교, 경제 등 우리가 상상할 수 있는 대부분의 분야에서 2천5백 년 전의 그리스가 일종의 준거점 역할을 합니다.

문학과 예술, 인문학, 무엇을 다루든지 모든 고전은 그리스로 통합니다. 호메로스는 모든 서구 문학의 시작이며, 소포클레스와 에우리피데스는 모든 비극의 원형입니다. 우리의 민주주의는 아테네의 데모크라티아Democratia에서 유래한 말이고, 심지어 군주제도 그리스어 모나르키아Monarchia에서 온 개념입니다. 프로이트 심리학의 핵심

개념 중 하나인 오이디푸스 콤플렉스는 아버지를 죽이고 어머니와 결혼할 것이란 무서운 저주를 타고난 비극의 주인공, 오이디푸스에서 유래한 개념입니다. 소포클레스의 오이디푸스 3부작을 읽은 이라면 프로이트가 이 용어를 꺼내자마자 그가 무슨 말을 하고 싶어 하는지 알 수 있습니다.

근대의 시작을 알린 '르네상스'도 그리스·로마 문화를 되살리자는 운동이었습니다. 페트라르카와 보카치오를 비롯한 르네상스의 '인문주의자'들은 외딴 수도원 도서관에서 먼지를 뒤집어쓴 채 잠자고 있던 그리스어 필사본을 찾아다녔고, 아퀴나스를 필두로 한 스콜라 철학자들은 코르도바 궁정을 거쳐 온 아베로에스의 아리스토텔레스 해설집을 보물처럼 아끼며 읽었습니다. 그리스가 신들을 모델로 삼아 조각의 모범을 보이지 않았다면 미켈란젤로는 다비드 상을 만들지 못했을 터이고, 호메로스와 소포클레스가 없었다면 셰익스피어의 위대한 작품들도 나타나지 못했을 것이며, 플라톤과 아리스토텔레스가 없었다면 기독교도 오늘날 우리가 아는 그 종교가 아닐 것입니다.

르네상스 이래 서구 지식인들은 누구나 어릴 적부터 그리스 고전을 읽었고 그리스 문화에 통달했습니다. 독자 여러분도 잘 기억해 보세요. 이른바 서양의 '고전'이라고 하는 책을 읽으면 중간마다 꼭 고대 그리스 이야기가 나오지 않던가요?

그리하여 이른바 '개화' 이래 본격적으로 서구 문화를 받아들이고, 서구에서 유래한 제도를 운용하는 우리 역시 좋든 싫든 2천5백 년 전의 그리스에 관해서 알아야 할 필요가 있습니다. 하지만 고대 그리스 문화에 익숙하지 않은 독자들이 당장 플라톤의 『국가』나 소포클레스의 희곡집을 집어 들기에는 약간의 진입장벽이 있어요. 불행하게도 이 장벽은 『그리스·로마 신화』를 읽은 정도로는 넘어가기 어렵습니다. 그리스는 서구 문명의 뿌리이지만 당시의 그리스인들은 오늘날과는 상당히 다른 관습과 제도, 사고방식을 지니고 있어요. 이를테면 플라톤의 『국가』나 소포클레스의 『안티고네』를 읽기 위해서는 당시 그리스 사회의 구조와 그리스인들의 사고방식까지도 배경지식으로 알아두는 편이 좋습니다.

이처럼 '그리스 공부 입문'을 위한 약간의 준비운동과 힌트, 그리고 정교하고 콤팩트한 가이드북이 필요하다는 게 저의 생각입니다. 그리고 바로 이 책이 그리스 공부 입문을 앞둔 독자들을 위한 가이드북이 되어줄 것입니다.

곽동훈

차례

Part 1

모든 것은 그리스에서 시작되었다

서구 지식인에게 그리스 문화는 우리의 공맹

Q … 서양 철학이 고대 그리스에서 출발한다는 사실 정도는 알고 있지만, '모든 것'이 그리스에서 시작되었다고요? 정말 그 정도인가요?

A … 그 정도 맞습니다. 철학뿐 아니라 서양의 모든 학문과 예술이 그리스에서 시작했다고 해도 과언이 아닙니다.

'그리스 문화' 하면 문학이나 철학이 주로 떠오르는데요. 실은 자연과학의 뿌리도 그리스입니다. 오늘날 우리가 당연하게 생각하는 민주주의 제도도 그리스에서 처음 시작했습니다. 영국의 낭만주의 시인 퍼시 비시 셸리가 "우리는 모두 그리스인"이라고 한 말은 결코 과장이 아닙니다. 오히려 현실을 과소평가한 말에 가깝다고 볼 수 있죠.

우리는
모두 그리스인입니다.
우리의 법률·문학·종교·예술은
그리스에 뿌리를 두고 있어요.
그리스
아테네

퍼시 비시 셸리
Percy Bysshe Shelley
1792~1822년
영국의 낭만파 시인

서구 사람들에게 고대 그리스의 존재감에 필적하는 유일한 나라는 로마였습니다. 그런데 로마 문화는 그리스 문화를 모범으로 삼아 이어받은 것이나 다름없습니다. 근대가 오기까지 서구 지식인과 귀족들은 문화적으로는 그리스, 정치적으로는 로마 제국이 가장 위대하다고 생각하고 언제나 그 두 나라를 의식하며 살았던 겁니다.

게다가 '고전'을 쓴 대부분의 서양 지식인들은 어릴 때부터 그리스어를 배우고 그리스 고전을 공부했습니다. 조선 선비들에게 공맹孔孟과 주자朱子가 어릴 때부터 몸에 밴 교양이었듯이, 유럽 지식인에게는 그리스어와 라틴어 고전이 당연히 익혀야 할 교양이었습니다.

좀 더 구체적으로 감을 잡아볼까요? 『자유론』으로 유명한 존 스튜어트 밀이 받은 교육을 한번 살펴봅시다. 그는 세 살에 그리스어를 배운 후, 『이솝우화집』을 시작으로 크세노폰의 『키루스 왕의 아시아 원정기』, 헤로도토스의 『역사』, 루키아노스, 디오게네스 라에르티오스, 이소크라테스, 플라톤 등의 작품을 그리스어로 읽었습니다.

라틴어를 배우기 시작한 여덟 살 때부터는 호라티우스, 오비디우스, 베르길리우스, 타키투스, 호메로스, 디오니소스, 소포클레스, 에

우리피데스, 아리스토파네스, 투키디데스 등의 작품을 라틴어와 그리스어로 읽었습니다.

그래서 열네 살이 되었을 쯤에는 웬만한 그리스·로마 고전은 줄줄 외웠다고 합니다. 사실 밀은 좀 특별한 아버지를 둔 덕분에 서양 지식인들 중에서도 특별히 조기 교육을 받은 편입니다.

전 절대로 특별히 지능이
비상한 아이가 아니었습니다.
따라서 대부분의 어린이들이
저와 비슷한 교육을 받았다면
어린 나이에도 그 정도 지식을
갖출 수 있었을 겁니다.

존 스튜어트 밀
John Stuart Mill
1806~1873년
영국의 철학자

서양 지식인은 대체로 밀보다는 조금 늦게 공부했지만 역시 그리스와 로마 고전의 세계를 통달했습니다. 심지어 모든 공부를 독학으로 해결했던 장 자크 루소마저도 그리스와 로마의 문헌에 상당히 해박해서 자신의 저서인 『인간불평등기원론』이나 『사회계약론』 등에서 그리스와 로마 고전에 나오는 사례들을 줄기차게 인용하고 있어요.

그리스와 로마는
지성인의 기본 중
기본이죠.

장 자크 루소
Jean Jacques Rousseau
1712~1778년
프랑스의 사상가

우리가 고전이라고 알고 있는 책들을 쓴 서양의 지식인이라면 당연히 이 기본적인 지식을 장착했습니다. 그 때문에 서양의 고전에는 고대 그리스 문화가 자연스럽게 배경이자 양념으로 녹아 있죠.

따라서 서구에서 유래한 교양을 익히기 위해서는 좋든 싫든 고대 그리스를 좀 알아야 합니다.

진보는 매우 근대적인 정서

고대 그리스에 대해 알아보기 전에 한 가지 짚고 넘어가도록 하죠. 옛날 서양 사람들의 정서가 지금과는 판이하게 달랐다는 사실인데요. 특히 '진보에 대한 감각'(이거 중요!)이라는 측면에서 볼 때, 고대인들은 현대인들과 매우 다른 정서를 지녔습니다.

근대 이전 유럽 정서

대체로 오늘날 사람들은 세상이란 늘 발전하니까 제품은 무조건 새것이 좋으며, 아버지 세대보다는 우리 세대가 아는 것도 많고 기술도 훨씬 뛰어나다고 생각하는 경향이 있죠.

사실 **발전 혹은 진보란 굉장히 '근대적인' 정서**입니다. 옛날 사람들의 정서는 오늘날의 정서와는 좀 달랐습니다.

옛사람들은 세상이 발전하기보다는 정체하거나 혹은 오히려 퇴보한다고 생각했습니다. 그래서 당대보다는 옛날 사람들이 보다 지혜롭고, 물건도 옛날 물건이 더 낫고, 현재는 그저 과거를 따라가기만 해도 대단하다고 생각했죠. 우리는 이러한 정서를 바탕으로 근대 이전 유럽 사람들의 정서를 이해해야 합니다.

유럽 사람들이 이상으로 삼은 '그 옛날'은 바로 고전기 그리스Classical Greece입니다. 그때가 가장 이상적인 시대였던 거죠.

르네상스Renaissance도 '되살리다'라는 뜻이죠. 무엇을 되살린다고요? 네, 그리스입니다. 문화적으로 그리스를 되살리는 게 르네상스입니다. 처음에는 로마 문화를 되살리는 것으로 시작했지만, 로마 문화가 결국 그리스 문화였거든요.

실은 나도 그리스 문화를
복구하는 데 한몫한
고전문헌학자!
그리스 문화

조반니 보카치오
Giovanni Boccaccio
1313~1375년
이탈리아의 작가

14세기 이탈리아 지식인들이 되살리려 했던 '그리스'는 과연 어떤 나라였을까요?

일단 이때 말하는 그리스는 지리적으로 오늘날 그리스와는 약간 차이가 있습니다. 전성기 때 그리스는 현재 발칸반도에 있는 그리스 본토뿐 아니라 이탈리아의 사르데냐섬과 시칠리아섬을 비롯한 남부

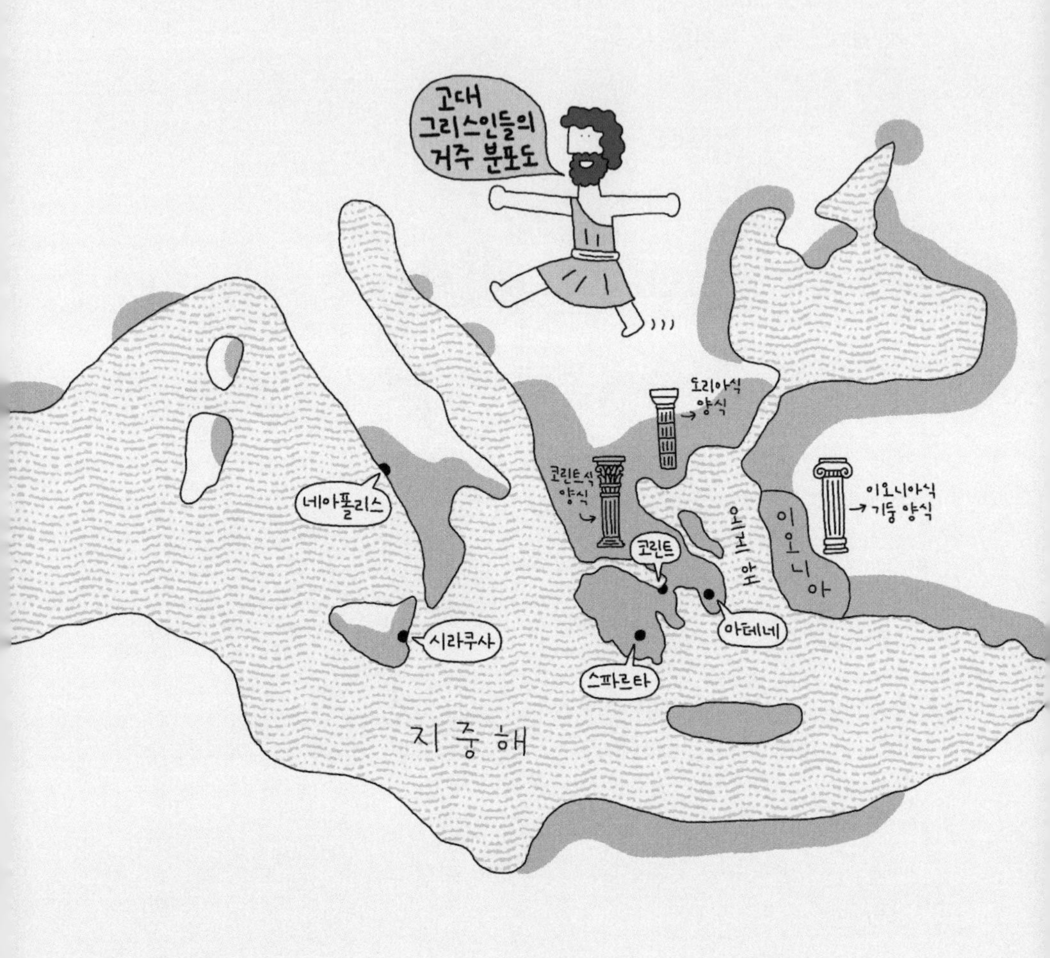

고대 그리스인들의 거주 분포도
도리아식 양식
코린트식 양식
이오니아식 기둥 양식
네아폴리스
코린트
에게해
이오니아
아테네
시라쿠사
스파르타
지중해

해안 지대, 그리고 동쪽으로 터키 서해안인 이오니아, 남쪽으로 아프리카 일부 해안, 북쪽으로 흑해 연안, 서쪽으로 스페인과 프랑스의 해안 지대까지 포함한 광대한 영역을 가리키는 말이었습니다. 즉 그리스 본토와 식민 도시들 모두를 포함한 개념이었어요.

한눈에 봐도 지중해의 주요 해안에는 다 그리스인들이 진출한 것을 알 수 있습니다. 뒷날 로마 역시 지중해 주변을 둘러싼 거대한 제국을 형성하는데요. 그래서 그리스와 로마를 지중해 문명의 연속으로 보기도 합니다.

고대 그리스는 어디부터 어디까지였나?

당시 그리스는 '한 나라'가 아니었습니다. 그리스인들은 대개 '폴리스 polis'라고 부르는 도시국가를 건설하고 주변 시골에서 경작하며 살았는데요. 아테네Athens, 스파르타Sparta, 코린트Corinth 등이 바로 그 폴리스의 이름들입니다.

폴리스 주민들이 생각한 나라는 그리스가 아니라, 자신이 사는 폴

이오니아와 이오니아해
이오니아 지방과 이오니아해는 헛갈리기 쉬운데 다른 지역이다.
이오니아는 터키 서쪽 해안 지역이지만, 이오니아해는 그리스 서쪽 바다를 뜻한다.

리스를 포함해 조금 더 넓은 지역이었습니다. 이를테면 아테네 사람이 생각한 '우리 나라'는 아테네가 포함된 아티카 전역 정도였죠. 심지어 각각의 폴리스를 세운 민족도 조금씩 달랐습니다. 예를 들어 스파르타는 도리아인이, 아테네는 이오니아인이 세운 나라거든요. 따라서 때때로 '다른 나라'와 전쟁을 벌이는 것도 당연한 일이었습니다.

폴리스 주민이 지나치게 많아지면 이탈리아·스페인·프랑스 등 유럽 다른 지역이나 소아시아와 북아프리카 등으로 이민을 보내서 식민지를 개척했습니다. 그래서 20쪽의 지도에서 본 것 같은 여러 식민지들이 탄생한 것입니다.

식민 도시의 그리스인들은 고향 도시를 '어머니 도시', 즉 메트로

폴리스metropolis라고 불렀습니다. 당연히 어머니 도시와 '아들 도시'의 관계는 상당히 끈끈해서 아들 도시가 주변 지역과 전쟁을 하면 어머니 도시에서 원군을 보낼 정도였습니다.

그리스인들은 어디에 살든지 스스로 헬라스Hellas 사람이라는 인식을 잊지 않았습니다. 무엇보다 그리스어를 쓰고 그리스 공통 풍습을 지키는 사람은 바르바로이Barbaroe라고 불리는 야만인과 구분된다는 생각이 강했죠.

그리스라는 이름은 뒷날 로마인들이 그리스 지역을 그라이키아Graecia라고 부른 데서 유래합니다. 정작 그리스인들은 스스로를 헬라스 사람이라고 불렀습니다.

원래 올림픽에는 그리스인만 참가할 수 있었기 때문에 마케도니아도 그리스에 속하는가는 오랜 논쟁거리 중 하나였습니다.

자유인과 야만인의 차이는?

그리스인이 말하는 '바르바로이'는 사실 야만인이라기보다는 뜻 모를 말을 중얼대는 사람이라는 의미에 가까웠습니다. 외국인들이 하는 말이 "바르바르바르……"처럼 들린다고 하여 그리스인들이 그렇게 부른 거죠.

하지만 페르시아 전쟁 이후 바르바로이란 단어에는 어느 정도 경멸적인 의미가 담깁니다. 바르바로이들은 그리스인들과 달리 자유를 모르는 노예 같은 자들이라는 인식이 생겼기 때문입니다. 페르시아 전쟁 직후에 공연된 아이스킬로스의 작품 「페르시아 사람들」에는 다음과 같은 장면이 나옵니다.

> 장소는 페르시아 궁정, 때는 페르시아 군대가 괴멸당한 살라미스 해전 직후입니다. 하지만 아직 패배 소식은 궁정에 전해지지 않았습니다. 페르시아 왕 크세르크세스의 모후 아토사가 대신들에게 아테네인이 어떤 사람들인지 궁금해 하면서 이렇게 묻습니다.
>
> **"어떤 군주가 그들을 다스리는가?"**
>
> 그러자 대신들을 대표해서 재상이 대답합니다.
>
> **"그들은 누구의 노예도 아닙니다. 그들 중 왕과 같은 힘을 지닌 이는 없습니다."**

아테네 사람들은 이 장면을 보면서 얼마나 통쾌했을까요? 바로 다음 장면에서 페르시아 군이 패배했다는 소식을 전령이 전합니다. 시기마다 스스로 그리스인이라는 자각의 정도와 그리스인에 대한 기준도 조금씩 달라지긴 했습니다. 당연한 얘기겠지만, 특히 페르시아 전쟁 직후에 그리스인들의 자의식이 가장 강했죠.

한편 마케도니아도 그리스인가 하는 문제는 오랫동안 논쟁거리였습니다. 하지만 필리포스 2세와 알렉산드로스 대왕이 그리스를 정복하면서 이 문제는 완전히 수면 아래로 가라앉았다고 합니다.

아리스토텔레스
Aristoteles
기원전 384~322년

고대 그리스가 이렇게 넓은 지역을 포괄하는 데 반해, 그리스 이야기만 나오면 거의 아테네와 스파르타만 거론되는 경향이 있죠? 이는 그리스 시대는 물론 이후 문헌에서도 거의 아테네를 중심으로 기록이 남아 있기 때문입니다. 그다음이 스파르타이고요. 이 두 폴리스에 비하면 코린트, 테베 등 다른 폴리스에 대한 기록은 상대적으로 너무 적은 편이에요. 또한, 지중해 연안에 있던 200여 개의 폴리스 가운데 두 폴리스가 가장 강력했다는 사실도 한몫했죠.

물론 아테네와 스파르타 지역 외에도 그리스 전역에 유적과 유물은 남아 있습니다. 하지만 설명이 없는 유적과 유물은 잘 깎은 돌이나 잘 만든 장식품에 불과하죠.

따라서 실제 고대 그리스 세계는 현재 우리가 알고 있는 고대 그리스와 상당히 다를 가능성도 있습니다. 하지만 기록과 유물이 알려주는 고대 그리스의 '일부분'은 그것만으로도 인류에게 지대한 영향을 끼쳤습니다. 그리고 그 일부분이 서구 문명의 기초를 형성한 것도 사실입니다.

함께 읽으면 좋은 책

- ✓ 불핀치 혹은 해밀턴의 『그리스 · 로마 신화』
- ✓ 호메로스의 『일리아드』, 『오디세이아』
- ✓ 키토의 『고대 그리스, 그리스인들』

불핀치 혹은 해밀턴의 『그리스 · 로마 신화』

고대 그리스 세계를 이해하기 위해서 가장 먼저 읽어야 할 책은 역시 『그리스 · 로마 신화*Greek Roman mythology*』입니다. 우리에게 '그리스 신화'는 그저 신화로 받아들여지지만 당시 사람들에게는 '신앙'이나 다름없었습니다. 그리스 사람들은 어릴 적부터 신화를 듣고 자랐을 뿐 아니라, 일상생활에서도 신화적인 이야기를 쓰면서 살았습니다. 종교가 일상을 파고든 셈이죠. 따라서 '그리스 신화' 혹은 올림포스 신들에 대한 '신앙'은 그리스인들의 정신에 핵심적인 부분을 차지했다고 볼 수 있습니다.

『그리스 · 로마 신화』는 여러 판본이 있는데, 저는 토마스 불핀치Thomas Bulfinch 혹은 이디스 해밀턴Edith Hamilton이 쓴 책이 무난하다고 봅니다.

프락시텔레스, 「크니도스의 아프로디테」, 기원전 350년경, 로마시대 복제품

호메로스의 『일리아드』, 『오디세이아』

호메로스Homeros의 서사시 『일리아드*Ilias*』와 『오디세이아*Odysseia*』도 그리스 문화의 기초를 이룬다고 할 만한 필독서입니다만, 처음에는 서술 방식이 낯설어서 접근하기 쉽지 않습니다. 따라서 완역본을 읽는 게 어렵다면 번안본이나 요약본을 읽고 흐름을 파악해두는 것도 좋습니다.

요한 게오르그 트라우트만, 「불타는 트로이」, 18세기

참고로 『일리아드』를 소재 삼은 영화로 브래드 피트가 주연한 「트로이*Troy*」가 있고, 『오디세이아』는 로마식 이름인 「율리시스*Ulysses*」라는 제목으로 커크 더글러스가 주연한 고전 영화가 있습니다.

키토의 『고대 그리스, 그리스인들』

H. D. F. 키토Humphrey Davy Findley Kitto가 쓴 『고대 그리스, 그리스인들*The Greeks*』은 초보자가 고대 그리스 문화에 접근하는 데 가장 큰 도움을 주는 책 중 하나입니다.

예전에는 『그리스 문화사』라는 제목으로 출간되었는데, 이후 이 제목으로 새 번역서가 나왔더군요. 고대 그리스 문화에 관심 있는 독자들에게 강력히 추천합니다.

Part 2

페리클레스와 아테네의 황금시대

그리스의 고전적 황금시대

기원전 5~4세기경의 그리스를 가리켜 보통 고전기 그리스라고 하죠. 때로는 그냥 고전시대Classical Period나 황금시대Golden Age라고 부르기도 합니다. 서구인들이 생각하기에 역사상 '가장 고전적인 황금시대'는 바로 그때인 것입니다.

> **영어권에서 그리스 로마 시대를 부르는 이름들**
> **고전시대** Classical Period 기원전 5~4세기 그리스
> **고전고대** Classical Antiquity 그리스와 로마 시대를 합쳐서 부르는 말

왜 그리스 중에서도 기원전 5~4세기 그리스일까요? 답은 간단합니다. 그때가 그리스의 가장 빛나던 시절이었거든요. 그런데 여기저기서 그리스의 황금시대에 대해 이야기하는 내용을 잘 들어보면, 실은 그리스 중에서도 아테네의 황금시대를 말한다는 것을 알 수 있죠. 이 시기의 아테네만큼 후세 인류에게 많은 문화적·정신적 유산을 남긴 도시는 없다고 해도 과언이 아닙니다.

본격적으로 '황금시대' 이야기를 하기 전에 초기 그리스 역사에 대해서 간단히 알아보겠습니다.

그리스 역사의 시대 구분

기원전 2700~1450년	**미노아** Minoa **문명**
기원전 1600~1100년	**미케네** Mycenae **문명**
기원전 1100~800년	**암흑시대** Greek Dark Age
기원전 800~600년	**아르카익기** Archaic Period
기원전 600~500년	**이행기** Transitional Period
기원전 500~400년	**고전시대** Classical Period

*미노아·미케네 문명을 **청동시대**Bronze age라고 부르기도 한다.

그리스 땅에는 신석기 시대부터 사람이 살았는데요. 그리스 남쪽의 크레타섬에는 기원전 2700년경부터 기원전 1450년경까지 미노아 문명이 번성했습니다. 아테네의 유명한 영웅 테세우스가 아리아드네의 도움으로 미궁의 황소 괴물을 죽이고 온 곳이 바로 크노소스 궁전입니다. 1900년에 고고학자 아서 존 에번스Arthur John Evans, 1851~1941년가 크노소스Knossos 궁전을 발굴해서 미노아 문명이 실제로 존재했다는 사실을 증명했습니다.

미노아 문명은 기원전 1400년경 미케네인들이 섬을 정복하면서 종언을 고하고 말았죠.

크노소스 궁전에서 발견된 「황소 뛰어넘기」 벽화

한편 청동기 시대로 넘어온 기원전 16세기경 아나톨리아(현재의 터키)와 근동 지방에서 이오니아인과 아이올리아인들이 그리스 땅으로 건너왔습니다. 이들이 바로 미노아 문명에 종언을 고하고 미케네 문명을 이룩했죠. 그리고 이들이 쓰던 언어가 그리스어의 기원이 되었습니다. 『일리아드』의 배경이 된 트로이 함락도 이들이 한 일입니다.

트로이 전쟁은 대략 기원전 13~12세기에 일어난 일로 추정하는데요. 이 전쟁 직후 그리스 전역에서 원인 모를 광대한 파괴가 일어났습니다. 북쪽으로부터 도리아인이 침입했기 때문이라는 말이 있지만, 아무도 그 사실을 증명하지는 못했습니다. 하여간 이때부터 소위 그리스의 암흑시대Dark Age가 시작됩니다.

기원전 1100년에서 800년 사이의 이 시기에 '암흑'이란 단어를 쓰는 이유는 무엇보다 기록이 없기 때문입니다. 다시 말해 문자를 사용하지 않았다는 이야기입니다.

미케네인이 사용한 선형문자 B

미노아 문명은 자신만의 문자가 있었고 미케네 문명 역시 미노아 문명에서 배워온 선형문자線形文字를 쓰고 있었는데, 암흑시대에 들어서면서 그리스인들은 갑자기 문맹이 되어버렸습니다.

하지만 이 시대가 우리에게 완전한 암흑으로 남아 있는 건 아닙니다. 최근 고고학의 발전에 따라 상황이 조금씩 달라지고 있습니다. 고고학자들은 암흑시대의 유적에서 당시 사람들의 의식주를 섬세하게 밝혀내고 있죠. 당시 그리스 각 지역은 인구도 줄고, 많은 사람이 모여 도시를 이루던 곳이 다시 시골처럼 변하는 등 몰락의 기세가 역력했다는 사실을 알아냈습니다.

나폴리는
그리스 도시?

300년에 걸친 암흑시대가 끝나고 기원전 800년경 아르카익기가 시작됩니다(암흑시대의 끝과 '그리스 르네상스'의 시작을 기원전 776년이라고 못 박는 사람들도 있습니다. 왜냐하면 바로 이 해에 최초의 올림픽이 개최되었기 때문입니다). 이때쯤 그리스 각 지역에는 폴리스가 형성되었습니다.

한동안 문자를 잃어버렸던 그리스인들은 페니키아인들이 쓰는 문자를 빌려와서 그리스 알파벳으로 개조합니다. 교역도 활발하게 이루어져서 상업이 발전하고 인구가 증가합니다. 다시 그리스가 활기를 띠기 시작한 겁니다.

훗날 서구인들이 그토록 열광했던, 그리스만의 그리스적인 것이 바로 이때 시작되었다고 추정할 수 있습니다. 이때 정체가 분명하지 않은 위대한 시인 호메로스의 『일리아드』와 『오디세이아』가 쓰였습니다. 호메로스보다 더 그리스적이고, 후세에 문화적으로 더 많은 영향을 끼친 존재는 아무도 없습니다.

기원전 800~600년에 해당하는 아르카익기는 그리스의 각 폴리스들이 자신의 정체성을 갖춰가기 시작한 시기이기도 합니다. 그리스는 오랜 기간의 안정으로 인구가 증가했고, 폴리스들은 이에 대응해 각자 다른 발전 전략을 추구한 거죠.

스파르타인들은 이웃 나라인 메세니아를 정복해서 그곳 주민들을 국가 소유 농노인 헤일로타이로 만들었습니다. 이로써 스파르타의 국가적 성격이 완전히 결정되어버리는데요. 주민들은 국방의 의무만 생각하고, 기초 경제는 모두 헤일로타이들이 맡는 거죠.

아테네인들은 장사 쪽으로 방향을 잡았습니다. 지중해에 면한 도시국가라는 이점을 최대로 활용하여 흑해 연안·소아시아·아프리카 등 다양한 지역과 교역하면서 국가의 부를 키워갔습니다.

이때부터 바다 사나이가 된 아테네인들의 특징은 후일 페르시아 전쟁 때 여실히 드러납니다. 그들은 도시를 비우고 모두 '나무로 만든 성 = 배'에서 농성하면서 페르시아인들을 기다리죠. 그리고 살라미스 해전에서 적들을 모두 무찔러버립니다.

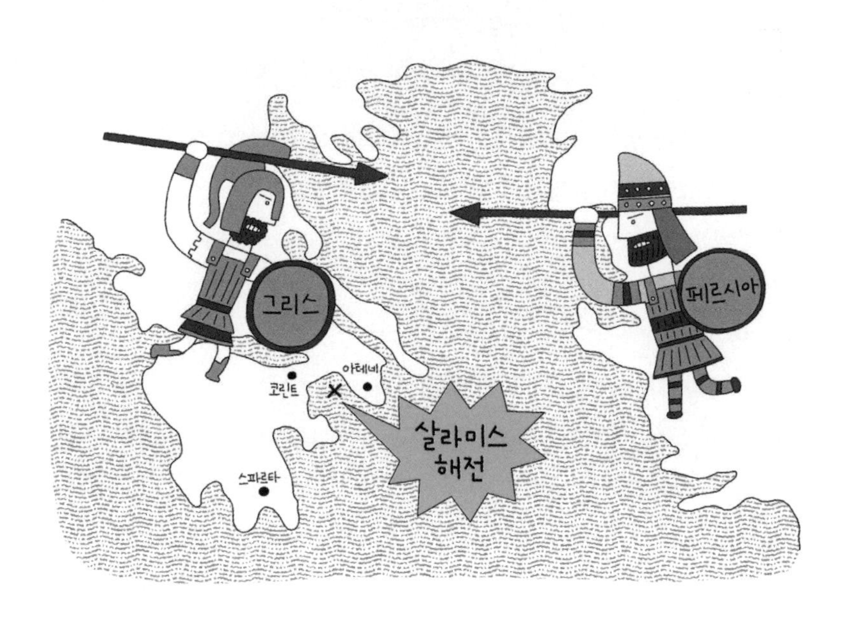

아르카익기는 또한 그리스의 각 폴리스들이 활발하게 식민지를 개척한 때입니다. 훗날 지중해 연안 해안 도시들로 이루어진 범그리스 세계가 이때 만들어진 거죠. 그리스인들은 이탈리아, 스페인, 프랑스 등 유럽 지역부터 지금의 터키 서해안인 이오니아, 이집트, 튀니지까지 세 대륙에 걸쳐 지중해를 개척했습니다.

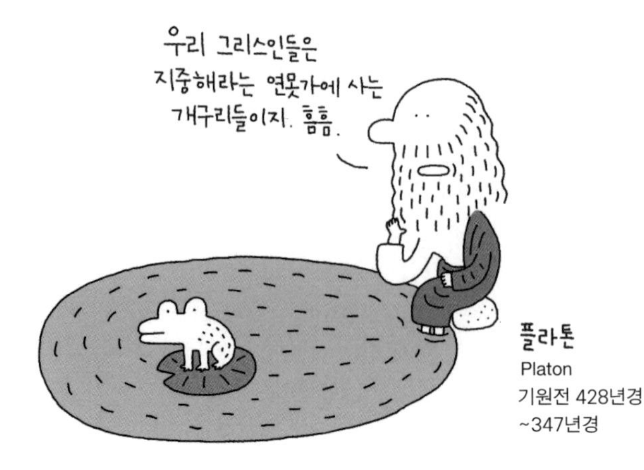

우리 그리스인들은
지중해라는 연못가에 사는
개구리들이지. 흠흠.
플라톤
Platon
기원전 428년경
~347년경

그 와중에 아무래도 가까운 이탈리아와 이오니아로 많이 진출했는데요. 이를테면 이탈리아의 나폴리Napoli란 이름은 그리스어의 코린트 방언에서 유래한 것입니다. 네아폴리스Neapolis, 즉 '새로운 폴리스'의 코린트식 이름이죠.

크레타섬에서 빛나는 문명을 건설한 미노아 문명이 망하고, 『일리아드』와 『오디세이아』의 배경이 되는 미케네 문명을 도리아인이 파괴한 후 그리스는 한동안 암흑기를 거칩니다. 기원전 9세기경 최초의 폴리스가 생겨난 후 서서히 그리스 본토에서 지중해 연안으로 그 세력을 확장하기 시작했고, 기원전 5세기 초 페르시아 군의 침공을 이겨내면서 전성기를 맞이합니다.

아테네와 스파르타	**아테네**Athens는 아티카라는 나라의 중심 도시이고, **스파르타**Sparta는 라코니아라고 부르는 나라의 중심 도시였다. 그러나 중심 도시인 폴리스가 차지하는 역할이 워낙 컸기 때문에 도시 이름만으로 전 국가를 지칭하는 경우가 많았다.

일부 서구 학자들은 페르시아 전쟁을 일컬어 인류 역사상 최초로 민주주의 서양이 전제정치 동양과 맞붙어 이긴 사건이라고 묘사하지만, 실은 그 정도로 의미가 있는 건 아닙니다. 당시 그리스의 폴리스 가운데 오늘날 우리가 말하는 민주주의에 가장 근접한 제도를 운영하던 곳은 아테네 정도였고, 그 민주주의도 인구의 대다수(80퍼센트 이상)를 차지하던 여성과 노예는 제외한 불완전한 형태였습니다. 특히나 대부분의 생산을 담당하던 노예들 입장에서 보면 압제도 그런 압제가 없었죠.

페리클레스와 아테네 민주주의

그러한 한계에도 불구하고 아테네의 민주주의가 우리 문명이 알고 있는 최초의 민주주의 형태라는 건 변함이 없습니다. 그 점은 높이 평가하지 않을 수가 없죠. 기원전 5세기경 아테네는 그리스의 여러 폴리스 중에서도 가장 민주적인 정치체제를 지니고 있었습니다. 아테네 '시민권'이 있는 성인 남성은 모두가 정치에 참여하는 매우 적극적인 직접민주주의 체제를 운영했으니까요.

특히 당시 아테네인들이 당연하게 생각한 '민중에 의한 지배'와 '법 앞의 평등'이란 개념은 현대 민주주의 성립에 큰 영향을 미쳤습니다.

우리 아테네인은
'민중에 의한 지배'를
데모크라티아(Democratia)
'법 앞의 평등'을
이소노미아(Isonomia) 라고 부르죠.

페르시아 전쟁 이후 스파르타는 다시 금욕적인 전사들이 사는 평화로운 농업 국가로 되돌아간 반면, 아테네는 해상 전력을 바탕으로

에게해 연안 지역을 사실상 지배하면서 델로스 동맹을 통해 지중해 동쪽 정치·경제·무역·문화의 중심 역할을 했습니다. 드디어 명실상부한 황금시대를 맞이한 거죠. 지도를 보면 잘 드러나지만, 아테네는 지중해 동쪽의 무역 허브로서 손색이 없는 도시입니다. 게다가 기원전 6세기경부터 그리스 본토와 지중해 연안에 이미 '은화'가 통용되기 시작해 5세기에는 화폐경제가 구축된 상태였습니다.

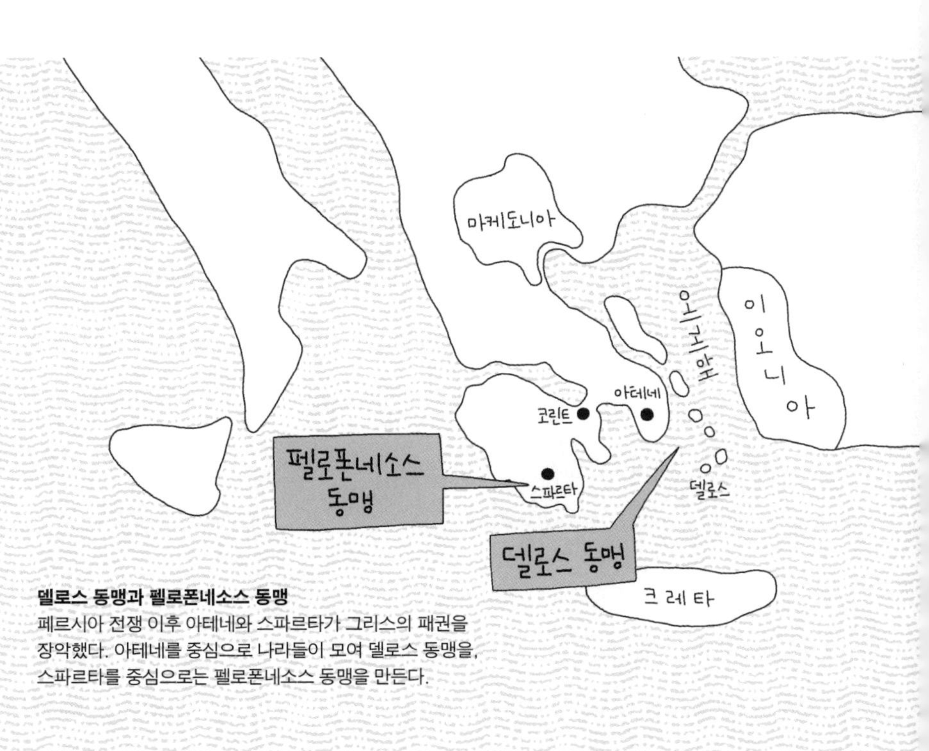

델로스 동맹과 펠로폰네소스 동맹
페르시아 전쟁 이후 아테네와 스파르타가 그리스의 패권을 장악했다. 아테네를 중심으로 나라들이 모여 델로스 동맹을, 스파르타를 중심으로는 펠로폰네소스 동맹을 만든다.

아테네 남쪽에는 수익성 좋은 은광이 있었는데, 아테네 은화는 오늘날로 치면 미국 달러 같은 기축통화 역할을 하기도 했죠.

아테네의 황금시대를 '**페리클레스 시대**'라고 부르기도 합니다. 왜냐하면 대정치가 페리클레스가 40년 가까이 권력의 정점에 서서 안으로는 아테네 민주주의를 확립하고 밖으로는 지중해 동쪽의 패권을 장악했거든요.

페리클레스는 실질적으로 최고 권력자였지만 로마의 율리우스 카이사르와는 달리 스스로 독재자가 되는 걸 경계했죠. 이 사실을 가장 못마땅하게 생각한 사람이 바로 페리클레스의 조카이자 아테네 최고의 인기남 알키비아데스였습니다.

알키비아데스
Alkibiades
기원전 450년경~404년

페리클레스
Perikles
기원전 495년경~429년

기원전 5세기의 아테네는 오늘날의 뉴욕

아테네는 문화적으로도 전성기를 맞았습니다. 아이스킬로스, 소포클레스, 에우리피데스, 아리스토파네스 등 위대한 극작가들이 연이어 나타나서 오늘날까지 사랑받는 훌륭한 작품들을 발표했죠. 당시에도 직업적인 극단들이 자신들 작품을 아테네뿐 아니라 지중해 연안의 여러 그리스 식민 도시들을 순회하면서 공연했습니다.

참고로 그리스인에게 이들의 작품은 단순한 흥밋거리라기보다 교육이자 정치 참여의 일환이었습니다. 극작가들은 새로운 이야기를 만들어낸 게 아니라, 호메로스의 서사시나 여타 신화에 등장하는 유명한 이야기를 소재로 삼았습니다.

관객들이 이미 알고 있는 유명한 이야기에 새로운 해석을 제시하면서 그들로 하여금 국가와 가족과 개인의 의미를 되새기도록 만들었다고 할 수 있죠.

그리스 하면 생각나는 건축과 조각의 양식이 확립된 시기도 이때입니다. 당시의 그리스 조각상을 보면 석재나 청동 등 재료에 관계없이 지구상에 발을 딛고 걸어 다니는 진짜 사람을 묘사하고 있습니다. 그야말로 '조각으로 구현한 휴머니즘'이라고나 할까요. 2천 년 후 미켈란젤로 같은 르네상스 예술가들은 이러한 그리스 예술의 특징을 모방하고자 했습니다. 그래서 로마의 시인 푸블리우스 베르길리우스 마로Publius Vergilius Maro, 기원전 70~19년는 다음과 같이 말했죠.

"로마인은 세계를 다스리는 데에는 능했지만, 대리석과 청동으로 뭔가를 만들어내는 일은 그 누구도 대신할 수 없는 그리스인의 몫이었다."

미론, 「원반 던지는 사람」, 기원전 450년경, 기원전 2세기 복제품

본격적으로 철학과 역사가 자라난 것도 이 시기입니다. 데모크리토스Democritos, 기원전 460년경~370년경는 사상 최초의 원자론을 설파했고, 페리클레스의 친구 아낙사고라스Anaxagoras, 기원전 500년경~428년경는 "태양은 불타는 덩어리"라고 했습니다. 이 시기는 젊은 소크라테스가 아테네 시내를 휘젓고 다닐 때이기도 합니다. 그리고 무엇보다도 헤로도토스가 서구 역사상 최초의 『역사』 책을 써서 페르시아 전쟁의 전모를 기록하기도 했습니다.

페리클레스 시대의 아테네는 오늘날로 치면 뉴욕같이 전 세계 지식인이 몰려오는 세계의 수도였습니다. 그래서 아테네에 정착한 외국인도 많았는데, 아테네에서는 그들을 영주권자란 뜻의 '메틱metic'이라고 불렀습니다. 그리스어의 변화meta와 거주oikos의 합성어에서 유래한 단어죠. 앞서 언급한 아낙사고라스나 데모크리토스도 바로 메틱이었어요. 이들은 참정권은 없었지만 다른 권리 면에서는 아테네인과 똑같은 대접을 받아서 아테네의 문화적·상업적 성장에 큰 역할을 했습니다.

앞서 말했듯이 지중해 동쪽 무역의 중심지로, 경제적으로도 풍요로워진 아테네 시민들은 페르시아인들이 파괴한 신전은 그대로 놓아

파르테논 신전

두어 전쟁의 기억을 보존하는 대신, 아크로폴리스 언덕에 파르테논 신전을 세워 아테네의 수호여신 아테나에게 바쳤습니다. 이 신전은 지금도 그리스의 관광 수입에 일조하고 있습니다.

페리클레스의 치세에도 어두운 면은 있었습니다. 앞서 말했다시피 인구의 80퍼센트가 넘는 여성과 노예, 그리고 영주 외국인에게는 아무런 권리가 없다시피 했거든요. 특히 노예의 경우는 운이 좋으면 집 안에서 요리나 심부름을 했고 보통은 들에서 하루 종일 농사일을 했지만, 운이 나쁜 수천 명의 노예들은 아테네 남쪽 은광의 어두운 지하에서 짐승 같은 취급을 받으며 매일같이 목숨 걸고 일을 했죠.

여성은 2등 국민 취급을 받았습니다. 당연히 참정권은 없었고, 하는 일도 '집안일'로 제한되었죠. '사회생활'을 하는 몇몇 예외인 경우도 있었는데, 신전의 무녀와 고급 기생이라고 할 수 있는 헤타이라Hetaira 정도였습니다.

페리클레스의 실질적 배우자였던 아스파시아는 밀레토스 출신의 헤타이라였는데, 법적으로 부모가 모두 아테네인이 아닌 사람은 시민권도 상속권도 없었기 때문에 그녀가 낳은 페리클레스의 서자도 아테네 시민권을 얻지 못해 곤경에 빠지기도 했습니다.

마지막으로 하나 소개할 것이 있는데요. 바로 펠로폰네소스 전쟁 초기에 전사한 장병들을 두고 거행한 장례식에서 페리클레스가 행한 연설입니다. 흔히 '페리클레스의 장례식 연설'로 통하는 이 연설은 현대에 와서도 클린턴, 루스벨트 등 많은 정치인이 인용한 명연설입니다. 미국의 역사학자 게리 윌스Garry Wills, 1934년~ 는 이 연설이 링컨의 게티즈버그 연설과 비견된다고 평가하더군요.

이 연설에는 당시 아테네 사람들이 생각한 민주주의와 삶의 가치가 녹아 있다고 해도 과언이 아닙니다. 투키디데스의 『펠로폰네소스 전쟁사』에서 중요한 일부만 소개하겠습니다.

우리는 이웃한 나라를 본떠 우리의 정부 형태를 만들지 않았습니다. 그럴 리가 있나요, 우리가 이웃을 모방하는 대신 이웃들이 우리를 모방하죠. 그리고 우리 나라는 소수가 아니라 다수를 존중하여 운영하므로, 우리의 제도는 민주주의라는 이름으로 불리고 있습니다. 시민들은 모두 평등하므로 혹 분쟁이 생기면 법은 그들을 똑같이 대하지만, 그렇다고 해서 우리 사회가 각 개인의 뛰어난 점을 무시하지는 않습니다. 우리는 개인의 집안을 고려하지 않고 그 능력과 명성에 따라 공직에 기용합니다. 아테네 사람이라면 아무리 가난해도 능력만 있으면 시민에게 봉사할 수 있습니다.

우리는 자유로운 나라에서 살고 있을 뿐 아니라 일상생활에서 서로에 대해 간섭하거나 질투하지 않는 생활을 합니다. 우리는 내게 불쾌한 일이라 할지라도 이웃이 좋아하고 내게 해롭지만 않다면 그가 무엇을 하든지 화내지 않습니다. 우리는 사생활에서는 이렇게 자유를 누리고, 공적인 일은 경건하게 대합니다. 우리는 정부와 법률을 존중하며, 약자를 보호하고 수치스러운 짓을 저지르지 않는 불문율도 지키고 있습니다.

또한 우리의 군사훈련은 여러 면에서 적(주: 스파르타)들보다 우월합니다. 우리 도시는 세계를 향해 활짝 열려 있습니다. 외국인이 우리 것을 보고 배워서 자신들에게 이롭게 써먹는 것을 두려워하지 않기 때문입니다. 우리는 엄격한 관리나 강압이 아니라 스스로의 자발적인 의지에 의존하고 있습니다. 교육에 관해서 말하자면, 그들은 아주 어릴 적부터 항상 엄격한 훈련을 받아 용기를 기르는 반면, 우리는 편안하게 살면서도 똑같이 그들이 직면하는 위험과 맞닥뜨릴 각오가 되어 있습니다.

……

이 외에도 우리 도시에는 감탄할 만한 모습이 많습니다. 우리는 풍족하게 살지만 사치를 부리지 않고, 철학을 사랑하지만 정신 활동에 있어 지나치지 않습니다. 우리는 부를 자랑하기 위한 것으로 생각하지 않고, 좋은 일을 하기 위해 씁니다. 우리는 가난을 부끄러워하지 않고 가난을 벗어나기 위해 노력하지 않는 것을 부끄러워합니다. 게다가 시민이라면 누구나 공적인 일에 참여하고 있어서, 막노동을 하는 이도 그에 필요한 지식을 충분히 지니고 있습니다. (그리스에서) 우리들만이 공공의 일을 다루지 못하는 이들을 무지한 자로 생각합니다.

……

요약하자면, 아테네 전체가 그리스인들의 학교인 것입니다. 그리고 아테네 시민들은 각자가 다양한 분야에서 활동하면서도 모두 품위와 능력을 보여줍니다. 제가 오늘 여러분 앞에 선 이유로 이런 찬사를 늘어놓는 게 아닙니다. 우리 정부가 만들어낸 도시의 힘은 명백하게 증명되고 있습니다. 그리고 명성을 뛰어넘는 국력을 보여준 나라는 우리밖에 없습니다. 우리를 침공했다가 우리에게 패배한 적도 우리에게 불만을 품지 않고, 우리가 정복한 나라들도 정복자의 자격을 인정하고 있습니다.

……

이들은 이러한 위대한 도시를 위해 용감하게 싸우다가 죽어갔습니다. 바로 그런 이유로 모든 고난을 이기고 도시를 지키는 일이 여기 남아 있는 사람들의 의무인 것입니다.

서사시와
고전 비극

고대 그리스에서 호메로스의 서사시들은 그 자체로 첫째가는 교재였습니다. 폴리스의 시민을 길러내기 위한 교육을 파이데이아Paideia라고 했는데요. 호메로스의 작품 읽기, 고전 비극 읽기, 체육 등이 교과 내용이었습니다.

아킬레우스와
헥토르가
이러쿵저러쿵……

호메로스의 서사시와 고전 비극은 헬레니즘 시대와 로마 제국을 넘어 중세와 근대 초까지도 서구인들이 교양의 기본으로 삼을 만큼 매력적인 건 분명합니다. 하지만 그 매력의 본질이 무엇인지 대답하기는 쉽지가 않습니다. 우선 확실한 한 가지를 들자면, 호메로스의 서

사시와 고전 비극에는, 뭐랄까…… 우리가 인생에서 겪을 수 있는 인간의 원초적인 정서가 다 담겨 있다고나 할까요?

사실 호메로스의 작품은 고전 비극과 좀 다르고, 오늘날의 어떤 예술 작품과도 많이 다릅니다. 그의 작품들에는 그 시대의 서사시만이 갖는 독특한 정조가 있기 때문입니다. 이를테면 『일리아드』의 주인공이라 할 수 있는 아킬레우스는 처음 등장할 때부터 이미 자신이 이 전쟁에서 목숨을 잃을 것을 알고 있습니다. 신탁이 그렇게 말했기 때문이죠. 하지만 그는 머지않아 찾아올 죽음에 전혀 개의치 않고, 오로지 아가멤논이 자신의 여자를 빼앗은 데 분노해서 자기 진영에 틀어박힙니다. 『일리아드』에 등장하는 인물들은 인간이 평소에 느끼는 사소하거나 큰 감정들을 모두 표출하지만, 삶에 대해 근본적 의문을 품는 이는 아무도 없습니다. 심지어 죽음까지도 올 때가 되면 그냥 오는 걸로 받아들입니다.

호메로스의 문체도 상당히 독특합니다. 그의 전투 묘사는 자극적이고 잔인하기 그지없지만, 기이하리만큼 당연하게 느껴집니다. 요즘 말로 하면 찌질함이 전혀 없는 세계입니다. 우리 인간은 근본적으로, 정도는 다르지만 조금씩은 찌질하게 살며 찌질하게 세상을 바라볼 수밖에 없습니다. 그 이유는 대상에 대한 욕망 때문이기도 하지만, 최종적으로는 두렵기 때문이죠. 무엇이 두렵냐고요? 당연히 '죽음'입니다. 인간은 언젠가는 죽음을 맞이해야 한다는 걸 알기 때문에, 의식적으로나 무의식적으로나 죽음을 안고 사는 것입니다. 그 때문에 두렵고, 그 때문에 우리는 아킬레우스처럼 대범한 인간이 되지 못하는 거죠.

내가 죽는다고?
그래서
어쩌라고?
아킬레우스

호메로스의 세계에서 신과 인간은 어깨를 나란히 하고 직접 전투에 참여합니다. 올림포스의 신들이 각각 편을 갈라 아카이아 군과 트로이 군 편에 서서 싸우는 것입니다. 『일리아드』의 도입부에서는 분노한 아폴론의 화살이 그리스 군을 무자비하게 학살하고, 뒷부분에서 아테나 여신은 그리스 군을 돕기 위해 계략을 꾸밉니다. 심지어 아프로디테는 전투에 끼어들다가 부상을 입기도 합니다.

죽음에 대한 공포가 없는 인간, 그것은 세계와 근본적인 불화가 없는 인간이고, 근본적인 허무를 안고 살지 않는 인간이며, 신과 같은 정서의 인간이라고 할 수 있습니다. 『일리아드』에서 신과 인간이 어깨 걸고 싸우는 모습이 어색하지 않은 이유가 바로 그것입니다. 그리고 호메로스의 서사시가 지닌 가장 큰 특징은 바로 여기에 있습니다.

반면 비극의 시대가 오면 모든 것이 달라집니다. 이제 신들은 인간과 직접 교통하지 않습니다. 그들은 신전의 무녀를 통해 신탁을 건네지만, 그 신탁조차도 보기에 따라 이렇게도 저렇게도 해석할 수 있는 수수께끼일 뿐입니다.

비극의 주인공들은 모두 인생과 세계와 근본적으로 불화하는 인간들입니다. 아리스토텔레스는 비극을 일러 위대한 인간이 어떤 결점 때문에 불행에 빠지는 이야기라고 말하지만, 실은 비극은 주인공이 신들이 정한 운명에 농락당하는 이야기라고 해도 무방합니다.

고전 비극의 대표 소포클레스의 작품을 보자면, 오이디푸스의 죄는 그냥 오이디푸스로 태어난 것이고, 안티고네 역시 동생을 잘못 둔 죄밖에 없습니다. 본인의 잘못이나 의지가 아니라 날 때부터 그렇게 운명 지어진 겁니다.

에우리피데스에 이르면 비극에는 위대한 인간조차 사라지고, 통속적인 인간들이 벌이는 통속적인 사건들만 남습니다. 우리가 매일 저녁 텔레비전에서 볼 수 있는 막장 드라마와 비슷한 셈이죠. 좋게 보면 현대적이고 현실적인 예술이지만, 나쁘게 보면 "카타르시스 따위는 개나 줘버려!" 하는 통속극이라고 할 수 있습니다.

호메로스의 서사시에서는 시간도 우리의 시간과 다르게 흐릅니다. 트로이 전쟁이 10년을 끌었지만 여전히 헬레네는 그리스 최고의 미인이고, 전쟁이 끝난 후 오디세우스는 10년 동안이나 집으로 돌아가지 못하고 바다를 헤매는데 전쟁과 조난의 20년 세월 속에서도 그의 아내 페넬로페는 여전히 아름다워서 수십 명의 구혼자가 몰려옵니다. 호메로스는 그리스인들이 생각했던, 어쩌면 우리 인류가 무의식적으로 추구하는 인간의 이상적理想的 모습과 행위를 시로 표현하고 있다고 볼 수 있습니다.

고전 비극은 일종의 오페라였습니다. 배우들은 리듬을 넣어 노래하듯이 대사를 합니다. 반원형 무대 중간에 배우들이 서고, 그 뒤쪽에 코러스chorus가 나열합니다. 코러스는 내레이터 역할도 하고, 임의의 주변인 역할도 합니다. 배우와 코러스는 모두 자기 역에 맞는 가면을 씁니다. 오직 남성만 배우가 될 수 있기 때문에 여성 역할도 남성이 여장을 하고 연기합니다.

비극에 관해 최초로, 가장 권위 있는 해석을 한 사람은 아리스토텔레스입니다. 그는 『시학*Poetica*』에서 비극은 "등장인물이 동정과 공포를 일으키는 사건들을 통해 카타르시스catharsis를 성취하는 것"이라고

희극은
현실적 인간 이하의 악인을
표현하려 하고,
비극은
그 이상의 선인을
표현하려 한다.
아리스토텔레스

보았습니다. 그는 비극이 서사시보다 더 우월한 형태의 예술이라고 하면서 소포클레스의 『오이디푸스 왕』을 이상적인 작품이라고 말합니다.

함께 읽으면 좋은 책

- ✓ 소포클레스의 『오이디푸스 왕』, 『안티고네』
- ✓ 에우리피데스의 『메데이아』, 『트로이의 여인들』
- ✓ 루카치의 『소설의 이론』
- ✓ 니체의 『비극의 탄생』

소포클레스 흉상, 제작 년도 미상

소포클레스의 『오이디푸스 왕』, 『안티고네』

고전 비극의 대명사 소포클레스Sophocles의 가장 유명한 두 작품입니다. 『오이디푸스 왕 *Oidipous Tyrannos*』은 프로이트가 명명한 '오이디푸스 콤플렉스'의 유래가 된 이름이죠. 아버지를 죽이고 어머니와 결혼할 거라는 저주를 안고 태어난 오이디푸스는 강보에 싸여 버려지지만, 운명의 장난 끝에 실제로 자신이 그런 짓을 했음을 알아채고 스스로 눈을 찔러 장님이 됩니다.

『안티고네*Antigone*』는 왕의 명령을 무시하고 반역죄로 사형당한 오빠의 장사를 지내려는 여동생 안티고네의 고행담입니다. 참고로 아리스토텔레스는 『오이디푸스 왕』을 자신이 생각하는 비극의 정의에 가장 들어맞는 작품이라며 칭찬하고 『안티고네』를 좀 마뜩잖아했지만, 후일 헤겔은 『안티고네』야말로 '국가의 정의'와 '가족의 정의'라는 두 가치가 충돌하는 양상을 잘 표현한 훌륭한 비극이라고 평가합니다.

에우리피데스의 『메데이아』, 『트로이의 여인들』

『메데이아*Medeia*』는 이아손에게 버림받은 메데이아가 그에게 복수하는 이야기이고, 『트로이의 여인들*Troiades*』은 트로이 함락 당시 동서지간인 헬레네와 안드로마케의 다툼을 소재로 한 이야기입니다. 에우리피데스Euripides의 작품은 '우리 편 착한 주인공'이 잘 등장하지 않고 마지막 부분에 극적인 신의 개입, 즉 데우스 엑스 마키나Deus ex Machina로 유명하죠.

그는 당대에는 큰 인기가 없어서 연극대회에서 자주 수상하지 못했지만, 오히려 기원전 4세기에 들어와 인기가 늘어났습니다. 저는 이게 한국 막장 드라마를 연상케 하는 내러티브와 관련 있지 않나 하는 생각이 듭니다. 말하자면 에우리피데스의 비극은 고상하지 않고 매우 현실적이거든요.

에우리피데스 흉상, 기원전 330년경, 로마시대 복제품

루카치의 『소설의 이론』

"별이 빛나는 창공을 보고 갈 수가 있고, 또 가야만 하는 길의 지도를 읽을 수 있던 시대는 얼마나 행복했던가? 그리고 별빛이 그 길을 훤히 밝혀 주던 시대는 얼마나 행복했던가? 이런 시대에 있어서 모든 것은 새로우면서도 친숙하며, 또 모험으로 가득 차 있으면서도 결국은 자신의 소유로 되는 것이다. 그리고 세계는 무한히 광대하지만 마치 자기 집에 있는 것처럼 아늑한데, 왜냐하면 영혼 속에서 타오르는 불꽃은 별들이 발하고 있는 빛과 본질적으로 동일하기 때문이다."

반성완 교수의 아름다운 번역으로 시작하는 『소설의 이론*Die Theorie des Romans*』은 서사시적 완결성과 근대적 문학 양식인 소설의 특징을 비교한 게오르크 루카치Georg Lukács의 명저입니다. 위 시작 부분은 바로 '서사시적 완결성'을 묘사하고 있습니다. 조금 까다로운 감이 없지 않지만 나름 재미있는 책입니다. 1부와 2부로 구성되어 있는데, 1부만 읽어도 충분합니다.

니체의 『비극의 탄생』

『비극의 탄생*Die Geburt der Tragodie*』은 프리드리히 빌헬름 니체Friedrich Wilhelm Nietzsche가 썼다고 하니 『차라투스트라는 이렇게 말했다』와 비슷하게 잠언 가득한 철학서로 오해하는 분들이 많은데요. 그게 아니라 이 책은 진짜로 그리스에서 비극이라는 예술 양식이 어떻게 탄생했고 또 사라졌는지 탐구한 문예비평서입니다.

니체에 따르면, 인간에게는 흥분과 광기의 '디오니소스적인 면'과 냉정과 이성의 '아폴론적인 면'이 있는데, 고대 그리스 예술은 건축과 조각에서 아폴론적인 면을, 디오니소스 축제에서 디오니소스적인 면을 반영하다가 고전 비극에 와서 그 두 가지를 통합한 종합예술이 나타났다는 거죠. 그리고 니체는 그리스인들이 비극을 통해 인간 존재의 근본적 허무를 초월할 수 있었다고 말합니다. 그런데 에우리피데스의 현실적인 드라마와 소크라테스의 합리주의가 이런 비극의 전통을 죽여버렸다고 니체는 한탄하면서, 바그너의 오페라가 디오니소스와 아폴론의 종합을 다시 달성할 수 있지 않을까 하는 희망을 이야기합니다.

니체, 1882년

Part 3

펠로폰네소스 전쟁과 그 여파

페리클레스의 죽음

기원전 429년, 아테네에는 무서운 역병이 번져나갔습니다. 역병은 아테네 사람 셋 중 하나의 목숨을 앗아갔습니다.

게다가 아테네는 2년 전부터 그리스의 라이벌 스파르타와 전쟁 중이었습니다. 아테네와 스파르타가 힘을 합쳐 페르시아 전쟁에서 승리한 후, 아테네는 이오니아 해안을 중심으로 동지중해의 패권을 형성했고, 스파르타는 그리스 내륙과 시칠

이오니아
지역적으로는 지중해에 면한 터키 서해안과 섬들을 말한다. 당시 그리스인이 많이 건너가서 폴리스를 형성하고 살았다. 인종적으로는 아테네인과 유사했다.

아테네의 세력이
커지자,
스파르타가 경계했고
전쟁이 불가피해졌다.
아테네
스파르타

투키디데스
Thucydides
기원전 460년경
~400년경

리아섬의 시라쿠사 등을 묶어서 동맹을 유지했습니다.

기원전 431년 스파르타의 왕 아르키다모스 2세는 마침내 아티카 외곽을 침입해 아테네인들의 논과 밭을 유린합니다. 하지만 아테네인들은 이에 군사적으로 대응하지 않고 아테네 성벽 안으로 들어가서 바다를 통해 필요한 물건을 보급하며 버틸 뿐이었습니다. 아직 아테네를 지도하고 있던 페리클레스는 육전陸戰에 강한 스파르타 군대와 직접 맞서는 건 어리석다고 판단했기 때문입니다.

우린 바다에서
싸우는 게
좋아.
스파르타
아테네
우씨
다 덤벼!

페리클레스의 생각이 맞아떨어졌습니다. 스파르타인들은 간헐적으로 아티카의 들판을 누볐을 뿐 아테네에 별 타격을 입히지 못했습니다. 그리고 아테네 군은 나우팍토스 해전에서 스파르타 군에게 승리를 거두었죠.

그런 와중에 아테네에 무서운 역병이 덮친 겁니다. 기원전 429년 가을, 40년 동안 아테네를 지도했던 대정치가 페리클레스마저 쓰러지고 말았습니다. 역병의 위력은 무서울 정도로 강해서 심지어 전쟁 중인 스파르타 군도 아테네 공격을 포기할 정도였습니다.

역병은 페리클레스와 그의 아들들을 포함해 3만 명이 넘는 아테네 시민의 목숨을 앗아간 후에야 서서히 물러갔습니다. 다시 몸을 추스른 아테네는 특유의 강력한 함대를 동원하여 스파르타에 반격했습니다. 스파르타 역시 대응을 하다가 기원전 421년 '니키아스 화의'로 양측은 휴전에 들어갑니다.

니키아스 화의

펠로폰네소스 전쟁의 첫 번째 단계인 '아르키다모스 전쟁Archidamian War'을 종식하며 아테네와 스파르타 간에 맺은 평화조약이다. 협상을 주도한 아테네의 장군 니키아스의 이름을 따 'Peace of Nicias'로 불린다.

하지만 불씨는 꺼지지 않았습니다. 아테네와 스파르타 양측의 적대감은 죽지 않았고, 사소한 계기 하나로도 전쟁은 다시 시작될 수 있었습니다.

이번에는 아테네가 도발을 시작했습니다. 기원전 416년 아테네 군은 「밀로의 비너스」로 유명한 밀로스섬을 침략합니다. 밀로스인들은 스파르타의 후손을 자처했지만 펠로폰네소스 전쟁에서는 중립을 유지했습니다. 그런 밀로스에 아테네 군은 3,000여 명의 병력을 보내어 델로스 동맹에 들어오지 않으면 침공하겠다고 협박했고, 밀로스는 끝까지 이에 굴하지 않았습니다.

결과는 대학살이었습니다. 몇 달에 걸친 포위 공격 끝에 섬에 진입한 아테네 군은 밀로스의 모든 성인 남성을 살해하고, 여자와 아이들 팔아버렸습니다.

악몽으로
끝난
시라쿠사 원정

이때까지만 해도 펠로폰네소스 전쟁은 본격적으로 재개되지 않았습니다. 그러나 이쯤에서 유명한 알키비아데스의 난동이 시작됩니다.

알키비아데스는 아테네의 대표적인 엄친아였습니다. 페리클레스의 조카였던 그는 좋은 가문 출신에 문무를 겸비한 미남인 데다가 언변도 좋아서 모든 사람이 좋아했고, 특히 여자들에게 인기가 많아서 나중에 유부남이 되어서도 주변에 미인들이 끊이질 않았죠.

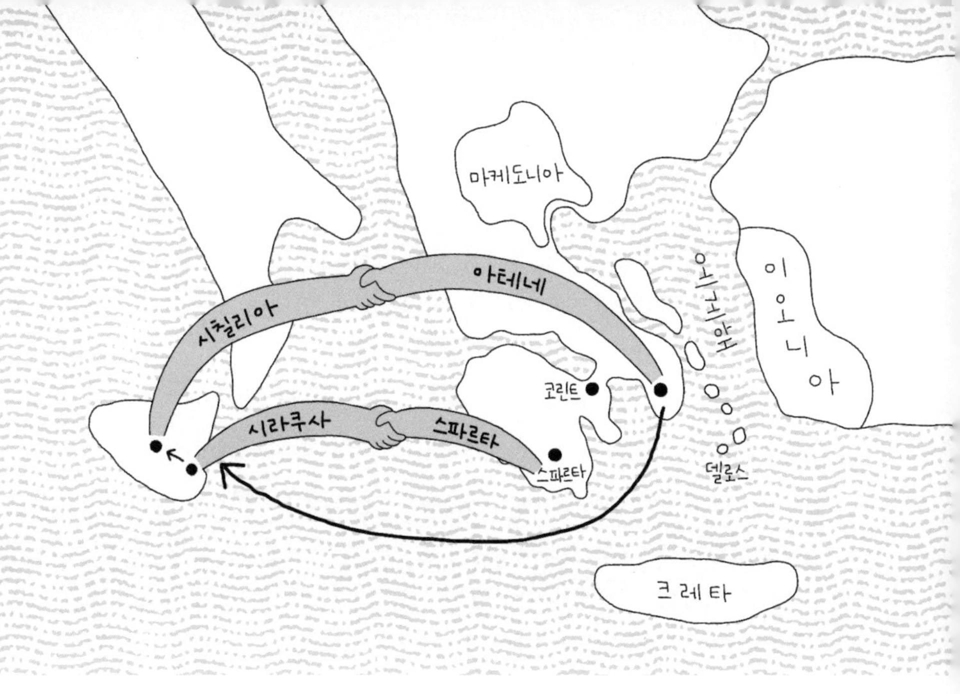

알키비아데스는 소크라테스와도 무척 친했습니다. 한번은 전투에서 소크라테스가 그의 목숨을 구해준 적도 있었죠. 플루타르코스Ploutarchos, 46년경~120년경에 따르면, "그는 소크라테스를 존경하고 경외했으며, 그 외에 다른 연인들은 경멸했다."고 합니다. 그렇다면 소크라테스도 그의 연인 가운데 하나였는지 의문이 들 수도 있는데요. 플라톤의 「향연*Symposion*」에 알키비아데스가 자신이 소크라테스를 유혹하려 했지만 실패했다고 말하는 장면이 나오는 걸로 보아 그렇지는 않은 것 같습니다. 당시 아테네에서는 남성간의 동성애가 매우 흔하고 일반적인 것이었답니다.

아테네와 스파르타가 불안한 휴전을 이어가던 중 시칠리아가 시라쿠사로부터 공격을 받는 사건이 일어났습니다. 같은 섬이었지만 시칠리아에는 아테네인과 인종이 같은 이오니아인들이 아테네와 동맹을 맺고 있었고, 시라쿠사에는 스파르타인과 같은 도리아인들이 살았죠. 당연히 아테네인들은 동맹국을 돕고 싶었지만, 문제는 충분한 준비가 되어 있지 않았다는 점입니다. 시라쿠사는 아테네 못지않은 자원을 지닌 폴리스였기에 쉽게 덤빌 수 있는 문제가 아니었습니다.

아테네의 유명한 장군 니키아스는 이 원정에 반대하지만, 야심에 불타는 알키비아데스는 아테네인들을 설득하여 전쟁으로 끌어들이는 데 성공합니다. 그런데 원정대가 출발하기 전 어느 날 밤에 이상한 일이 일어납니다. 누가 밤새 아테네 전역의 헤르메스 상들을 훼손한 거죠. 그리고 알키비아데스가 범인으로 몰리게 됩니다.

그럼에도 불구하고 아테네는 알키비아데스·니키아스·라마쿠스 세 장군을 선두로 한 원정대를 그대로 시라쿠사로 출발시킵니다. 그

런데 원정대가 시라쿠사 항구를 포위하고 공격을 준비하던 순간, 멀리서 검은 돛을 단 아테네의 죄수호송선이 알키비아데스를 체포하러 옵니다. 함정에 빠진 걸 직감한 그는 원정대를 탈출하여 스파르타로 도망칩니다.

니키아스는 알키비아데스 없이 선단을 지휘하여 1년 동안이나 시라쿠사를 포위 공격하지만, 최종적인 승리를 거두지는 못했습니다. 그 와중에 마침내 스파르타로부터 시라쿠사를 돕는 지원 함대가 도착합니다. 알고 보니 알키비아데스가 스파르타인들을 설득해 응원군을 보내고, 아테네의 뒷마당을 치도록 한 것입니다.

알키비아데스의
최후

졸지에 전세는 아테네에 극도로 불리하게 돌아갑니다. 알키비아데스는 아테네 입장에서 반역자가, 스파르타 입장에서는 영웅이 되었죠. 그런데 웬걸요. 알키비아데스는 스파르타 왕 아기스가 출정으로 자리를 비웠을 때 그의 아내인 티마이아를 유혹해서 자기 아이를 낳게 합니다. 분노한 스파르타 왕이 자신을 죽이려 하자 발 빠른 알키비아데스, 이번에는 냉큼 페르시아로 도망갑니다.

당시 스파르타에서 유부녀의 외도는 어느 정도 용인되는 흔한 일이었습니다. 플루타르코스에 따르면, 그럼에도 불구하고 스파르타 왕 아기스는 아내의 외도에 대해서 화를 냈고, 외국인이 승전의 공을 모두 가로챈다며 스파르타의 유력자들이 질시하는 걸 핑계로 알키비아데스를 죽이려 했습니다.

그리스에서 발과 혀가 제일 빠른 알키비아데스는 페르시아에서도 자수성가에 성공합니다. "지금 스파르타가 아테네를 이기면 그리스가 스파르타를 중심으로 강대해져서 페르시아에 큰 위협이 될 것이다."라며 페르시아 왕을 설득해서, 함대와 돈을 지원받아 아테네로 금의환향한 것입니다.

원래 실력은 출중한 그였기에 스파르타 군과의 전투에서 연전연승하여 전세를 다시 아테네에게 유리하도록 되돌리죠. 그러나 한 번 배신한 자는 영원히 신뢰를 얻을 수 없는 법. 상황이 호전되자 아테네인들은 작은 패배 하나를 꼬투리 삼아 그를 지휘관 자리에서 해고해버립니다. 알키비아데스는 아테네에서 자신의 운이 다했음을 깨닫고 다시 페르시아 왕에게 몸을 의탁하러 떠납니다.

그는 페르시아 왕으로부터 은퇴를 종용받고 시골에 집과 땅을 얻지만, 그곳에서 현지 여성을 유혹하다가 그만 그녀의 가족들에게 살해당하고 맙니다(스파르타의 리산드로스가 보낸 암살자에게 당했다는 설도 있습니다).

펠로폰네소스 전쟁은 이제 거의 막바지에 다다릅니다. 이어진 다음 전투에서 아테네는 페르시아 함대에게 승리를 거두지만, 그다음 전투에서는 스파르타의 장군 리산드로스에게 치명적인 패배를 당하고 말았습니다. 살라미스에서 페르시아인들을 몰살했던 자랑스러운 아테네의 무적함대가 파멸하자, 아테네인들은 모두 죽음의 공포에 몸을 떱니다. 기원전 404년 아테네에 도착한 리산드로스는 무조건 항복을 요구합니다.

아테네의 패배와 민주주의의 위기

아테네인들은 자신들이 밀로스를 정복했을 때처럼 리산드로스가 아테네의 모든 성인 남성을 학살하고 여성과 아이들은 노예로 팔아버릴 거라고 짐작했지만, 스파르타의 대장군은 관대한 외교관이었습니다. 그는 아테네가 무장을 해지하고 전쟁을 결정했던 아테네 정치체제를 해산한다면 어떤 보복도 하지 않겠노라고 선언합니다. 이것으로 길고 길었던 펠로폰네소스 전쟁이 막을 내립니다.

리산드로스
Lysandros
기원전 ?~395년
펠로폰네소스 전쟁을 승리로
이끈 스파르타의 장군

펠로폰네소스 전쟁의 원인에 대해서는 여러 이론이 있지만, 역사의 충실한 기록자 투키디데스는 아테네 세력의 팽창이 스파르타를 자극하여 언젠가는 양자가 충돌할 수밖에 없었다고 말합니다.

또 투키디데스는 이 전쟁에서 아테네가 패배한 이유를 페리클레스의 죽음 이후 클레온 등 데마고그들이 아테네의 지도권을 장악했기 때문이라고 보았습니다.

클레온Cleon은 페리클레스 이후 아테네를 이끈 정치가입니다. 귀족 출신이자 품위 있는 연설가였던 페리클레스와는 달리 평민 출신으로 표현이 거칠다는 평을 받았으며, 그 때문에 고대 역사가들에게 알려진 것 이상으로 비판받았다는 주장도 있습니다.

즉 시칠리아 원정을 가는 등의 모험주의적 전략 대신, 원래 페리클레스가 구상한 전략대로 그리스반도에 국한해 전쟁을 전개했으면 아테네가 이겼을 거라고 생각한 것입니다. 다만 투키디데스의 견해를 참고할 때는 그도 아테네 민주주의 체제를 별로 좋아하지 않은 인물이었다는 사실을 감안해야 합니다. 그리고 무엇보다도 역사에는 '만약'이 없죠.

종교는 교활한 자들이
정치적 목적을 위해 고안해낸
정교한 사기술!

크리티아스
Critias
기원전 460~403년

약삭빠르고 유능했던 알키비아데스의 친구 중에 크리티아스라는 인물이 있었습니다. 소크라테스의 제자여서 플라톤의 『대화*Dialogues*』편에도 종종 등장하는 그는 아테네의 민주정치를 혐오했죠. 앞서 말했듯이 리산드로스 장군이 아테네 정치체제의 개편을 요구하자 크리

티아스는 스파르타인을 등에 업고 아테네에서 참주정치를 시작합니다. 이름하여 '30인의 참주30 Tyrants'의 지도자가 된 것입니다. 그는 테라메네스와 함께 참주정치의 지도자가 되어 아테네 민주주의를 완전히 해체하고 공포정치를 시작합니다.

30인의 참주는 민주주의 지지자들을 추방하거나 살해하여, 자그마치 아테네 시민의 5퍼센트를 숙청합니다. 게다가 순전히 재산을 빼앗기 위해 시민을 숙청하는 경우도 흔해서 아테네 시민들의 원성이 자자했습니다. 크리티아스는 심지어 테라메네스와 불화한 끝에 그를 사형하기도 합니다. 결국 그들의 권력은 1년도 지속되지 못하고, 크리티아스 역시 기원전 403년 트라시불로스를 중심으로 한 민주주의파 시민들에게 살해당하고 맙니다.

이후 아테네는 다시 시민 통합을 이루기 위한 어려운 과정을 거쳐 민주주의를 회복합니다. 하지만 아테네는 다시는 페리클레스 시대 같은 황금기를 맞이하지 못합니다.

함께 읽으면 좋은 책

- ✓ 플루타르코스의 『영웅전』
- ✓ 헤로도토스의 『역사』
- ✓ 투키디데스의 『펠로폰네소스 전쟁사』

플루타르코스, 1836년

플루타르코스의 『영웅전』

좀 두껍긴 하지만 꼭 읽어야 할 작품입니다. 소위 고전을 쓴 서구의 모든 지식인들은 플루타르코스로부터 고대 그리스와 로마 세계에 대한 기본적인 지식을 얻었습니다.

플루타르코스의 『영웅전*Parallel Lives*』을 읽은 사람과 읽지 않은 사람은 서구 문명에 대한 이해의 깊이가 다르다고 해도 과언이 아닙니다. 왜냐하면 플루타르코스는 이 책을 통해 그리스와 로마의 역사를 주도한 주요 인물들의 생애를 거의 '요점정리'하고 있거든요. 따라서 서양사의 근본이 되는 그리스·로마사를 공부할 때 절대 빼놓을 수 없는 작품입니다.

헤로도토스의 『역사』

헤로도토스 흉상, 기원전 4세기 초반, 로마시대 복제품

소아시아에서 가장 부강한 나라 리디아의 왕 크로이소스는 자신만만한 사람이었습니다. 그가 아테네의 현자 솔론에게 세상에서 가장 행복한 사람이 누구냐고 물었을 때, 그의 대답은 당연히 자신이라고 생각했습니다. 하지만 솔론은 다른 사람을 답하며 그의 예상을 빗나가죠. 크로이소스가 델포이 신전에 사자들을 보내 페르시아를 치러 가도 좋을지 물었을 때, 그는 "크로이소스가 페르시아에 출병하면 대제국이 멸망하리라."라는 대답을 얻습니다. 자신만만한 대왕 크로이소스는 당연히 자신이 페르시아 제국을 멸망시키리라 생각하고 출병합니다. 물론 멸망한 것은 크로이소스의 제국 '리디아'였습니다.

헤로도토스Herodotus의 『역사*The Histories*』 앞부분에 나오는 이 에피소드는 아마도 이 책에서 가장 유명한 이야기일 것입니다. 왜냐하면 헤로도토스는 여기서부터 이 주제, 즉 오만hubris에 대해 끝없이 변주하기 때문입니다. 그의 생각에 만사의 실패는 결국 신이 인간의 '휴브리스'를 징벌한 결과입니다. '휴브리스'라는 개념은 후세인들이 『역사』에서 가장 주목한 것이기도 합니다. 기독교 문명에서 지나친 오만은 '신에 대한 불경'이죠. 밀턴의 『실락원』에 등장하는 루시퍼의 오만은 헤로도토스 이후의 '휴브리스'를 이야기할 때 흔히 등장하는 사례입니다.

헤로도토스는 마치 호메로스처럼 실제로 일어난 사건에 신들이 개입했다고 진술합니다. 이를테면 살라미스로 들어오는 페르시아 함대가 폭풍을 만나 피해를 입은 것이, 아테네 함대와 공정한 대결을 원하는 신들의 뜻이었다고 하는 식입니다. 하지만 역시 역사가는 시인과는 달라서, 신들이 벌이는 상상 속의 전쟁을 실제처럼 묘사하지는 않습니다.

헤로도토스의 『역사』는 생각보다 쉽게 읽힙니다. 그의 책은 역사책이기도 하지만 고대의 여행기이자, 인류학적 탐사 보고서이기도 합니다. 좀 길지만 생각보다 쉽게 읽히니까 시간 여유가 있을 때 한번 도전해 보는 것이 좋습니다.

투키디데스의 『펠로폰네소스 전쟁사』

원래 투키디데스가 쓴 원고에는 제목이 없었지만 후세 사람들이 붙여주었습니다. 특히 군사물軍事物을 좋아하는 분이라면 읽어볼 만합니다. 전쟁의 배경부터 전개 과정, 의미 등을 굉장히 현대적으로 풀어쓴 느낌이 듭니다. 너무 길어서 부담스럽다면 축약판을 구해서 보는 것도 나쁘지 않습니다.

참고로 헤로도토스가 역사의 아버지라면, 투키디데스는 똘똘한 아들쯤 된다고 할 수 있습니다. 그는 역사가 재미있는 '이야기'이기 이전에 정확한 '사실' 기록이며 후세 사람이 참고할 수 있는 사례집이라고 생각했습니다. 다시 말해 그는 최초의 과학적 진술을 추구한 역사가입니다.

『펠로폰네소스 전쟁사*The History of the Peloponnesian War*』는 아직 전쟁이 다 끝나기 전인 기원전 411년까지만 다루고 있습니다. 투키디데스는 시칠리아 원정의 실패로 이미 판도가 결정되었다고 판단한 듯합니다. 이후의 전황에 대해서는 크세노폰이 저서 『헬레니카』에서 자세히 설명하고 있습니다.

필립 폰 폴츠, 「페리클레스의 추도 연설」, 1852년

Part 4

소크라테스는 왜 독배를 마셔야 했나?

서구 사상
최초의 세계대전이
남긴 후유증

펠로폰네소스 전쟁은 그리스 역사에서 비교할 바 없이 큰 전쟁이었습니다. 기원전 431년부터 404년까지 30여 년 동안 그리스의 주요 도시국가들뿐 아니라 이오니아와 이탈리아의 식민 국가들까지 모두 참여한 거대한 '세계대전'이었던 것입니다. 『펠로폰네소스 전쟁사』를 쓴 역사가 투키디데스는 이렇게 말했습니다.

> 페르시아 전쟁은 두 번의 해전과 두 번의 육전으로 승부가 곧 결정되었다. 하지만 이번 대전은 기간도 매우 길고, 달리 유례를 찾아볼 수 없을 정도로 막대한 참화를 헬라스 세계에 가져왔다.

『콜로누스의 오이디푸스』
소포클레스의 테베 비극 3부작의 두 번째 작품이다. 장님이 된 채 아테네 근교에서 혼자 말년을 보내는 오이디푸스의 생활을 묘사한다.

펠로폰네소스 전쟁의 결과, 아테네와 스파르타는 인구의 절반 정도를 잃었습니다. 물론 그중에서도 패자인 아테네는 동지중해의 패권을 상실했을 뿐 아니라, 그리스 최고의 문명인이자 자유인이라는 자부심도 잃어버렸죠.

펠로폰네소스 전쟁의 패배와 이어진 참주정치의 잔인성으로 아테네인은 정신에 큰 상처를 입었습니다. 이후 아테네에서 아이스킬로스나 소포클레스의 장엄한 비극보다 에우리피데스의 막장 드라마가 인기를 얻은 것도 이런 정서가 반영된 거겠죠.

아테네 시민들은 희생양이 필요했습니다. 희생양으로 제일 잘 맞는 인물은 아테네의 엄친아에서 아테네의 밉상으로 변한 알키비아데스와 30인 참주정치의 우두머리 크리티아스인데 둘 다 이미 죽어버렸죠.

그런데 가만히 보니, 두 사람 다 소크라테스의 제자가 아닙니까? 이때가 이제 막 기원전 4세기로 들어선 기원전 399년입니다.

사실 아테네에는 그 전부터 소크라테스란 이름의 소피스트sophist 늙은이가 매일같이 아고라를 배회하면서 사람들을 붙잡고 대답하기 어려운 질문을 던지는 걸 싫어한 사람들이 많았습니다.

소크라테스 본인은 지혜를 돈과 바꾸지 않는 자신이 소피스트들과는 다르다고 주장했지만, 아테네 사람들이 보기에는 소피스트 중에서도 유명한 소피스트였습니다. 그러니 극작가 아리스토파네스가 희극 『구름*The Clouds*』에서 소크라테스의 실명을 밝히고 놀려댄 거죠.

소크라테스의 '산파법'이란 무엇이었나?

소크라테스 철학의 가장 큰 특징 중 하나가 바로 산파법産婆法이란 건데요. 소크라테스가 상대에게 질문을 하면서 상대 스스로 무지를 깨닫게 하는 방법입니다. 이는 마치 산파가 산모를 도와 스스로 아이를 낳게 하는 방법과 비슷하다고 해서 붙은 이름입니다.

이 산파법이란 것이 후세 사람들에게는 철학적 방법론의 효시쯤으로 보이지만, 소크라테스와 마주한 당사자에게는 상당히 곤혹스러운 일입니다. 결국에는 자신의 무지를 폭로당하는 꼴이니까요. 다음의 대화(플라톤의 『대화』 가운데 「에우티프론*Euthyphron*」 편을 제가 무지막지하게 요약한)가 전형적인 산파법에 속합니다.

> 소크라테스는 자신의 재판이 있는 당일 아침에 법정 바깥에서 평소 알고 지내는 에우티프론을 만납니다. 둘은 당연히 인사를 나누었죠.
>
> "소 선생, 여긴 어쩐 일입니까?"
>
> "응, 실은 내가 고발을 당해서 말이야. 오늘이 재판 날이야. 그런데 자네는 무슨 일로?"
>
> "아, 저는 누굴 좀 고발하러 왔습니다."
>
> "누군데?"
>
> "그게, 말씀드리기 좀 그렇지만 제 아버지입니다."
>
> "아니, 아버님을 어쩐 일로?"

"실은 제 부친이 노예 하나를 방치해서 죽였기 때문에, 고발하려고요."

"그래도 부친인데…… 그래도 될까?"

"그렇게 하는 게 경건한 행위라고 봐서요."

"경건한 행위? 경건이 뭐라고 생각하나?"

"신의 마음에 드는 행위가 경건한 행위죠."

"자네는 호메로스의 『일리아드』를 알겠지."

"네, 당연히 알죠."

"거기 보면 아테네 여신과 아폴로 신이 편을 나누어 싸우는데, 한쪽의 마음에 드는 행위는 분명 다른 쪽 마음에 들지 않겠지. 어떤 행위가 경건한지 어떻게 알 수 있나?"

"그건, (우물쭈물) 제가 좀 바빠서……."

에우티프론은 그만 말을 얼버무리면서 피해버립니다. 소크라테스의 말이 틀린 건 아니지만, 자신의 무지가 드러나는 건 싫거든요. 그래서 소크라테스의 평판이 극명하게 갈렸던 거죠. 친구들은 그를 매우 높이 평가하고 사랑했지만, 많은 아테네인이 그를 경계했습니다. 소크라테스 본인도 자신이 아테네인들의 무지를 꼬집는 역할을 한다고 자인했습니다.

아무리 밉상이어도 어떤 이에게 죄를 묻기 위해서는 실제로 죄가 있어야 하는 법. 소크라테스를 고발한 세 사람이 갖다 붙인 혐의는 과연 무엇이었을까요?

신에 대한 불경과 젊은이들을 타락시킨 죄

멜레토스Meletos, 아니토스Anytos, 리콘Lycon은 소크라테스를 고발한 세 사람입니다. 앞장선 사람은 시인 멜레토스지만 실질적인 주도자는 정치인 아니토스라고 추정하고 있죠. 리콘은 연설가로 알려져 있습니다. 소크라테스는 줄곧 아니토스처럼 대중에 영합하는 정치인과 시인, 연설가를 조롱했습니다.

딱 듣기만 해도 억지 같지 않나요? 소크라테스는 아테네의 모든 전쟁에서 영웅적으로 싸우고, 주변 사람들을 속이지도 않았으며, 늘 검소하게 살았습니다. 진짜 도덕적으로 거의 완벽한 인물이었죠. 소크라테스를 기소하고 유죄를 내린 사람들의 본심은 따로 있었습니다. 펠로폰네소스 전쟁의 패배와 잔인했던 참주정에 모두 소크라테스의 제자들이 관계된 만큼

무신론자!
(당신 제자들 때문에 우리가 그렇게 고생한 거야.)

소크라테스
Socrates
기원전 470년경~399년

어떤 식으로든 소크라테스에게 책임을 물어야 한다고 생각했던 거죠.

게다가 평소 소크라테스가 아테네의 민주주의 체제를 비판하고, 은근히 스파르타의 체제를 찬양해온 건 비밀이 아니었습니다. 그의 지론이 "평범한 사람들 의견을 모아 다수결로 지도자를 뽑고 시민이라면 아무나 추첨으로 공직을 차지하는 아테네가 좀 이상하고, 진짜 능력 있는 사람이 지배하는 체제가 낫다."는 것이었으니까요. 소크라테스의 주장은 플라톤이 『국가*Politeia*』에서 잘 정리하고 있으니 뒤에 더 소개하겠습니다.

당시 스파르타는 철저한 계급사회였습니다. 이웃 메세니아를 식민지화하여 주민들을 노예로 부렸고, 전체 인구에서 소수인 자유민이 다수를 대상으로 군사독재를 시행했죠. 하지만 이웃 그리스 국가 사람들이 보기엔 굉장히 효율적이고 강력한 체제여서, 오늘날 한국 보수파들이 싱가포르를 동경하듯이 이웃 나라의 보수파들은 스파르타의 체제를 동경했습니다.

재판에서 잘난 척하는 피고인 소크라테스

우리는 플라톤의 저서 「소크라테스의 변론*Apologia Sokratous*」에서 소크라테스가 어떻게 재판에 임했는지 자세히 알 수 있습니다. 소크라테스는 500여 명의 아테네 시민으로 구성된 배심원단 앞에서 직접 자신을 변호하는데, 그의 말을 잘 들어보면 좀 이상합니다. 이건 어떻게든 배심원들을 설득해서 목숨을 구해 보고자 하는 피고인의 태도가 아닙니다.

그는 자신을 고발한 사람들을 비난하면서 자기변호를 시작하지만 얼마 지나지 않아 자신의 친구이자 제자인 카이레폰의 이야기를 꺼냅니다. 다름 아니라 카이레폰이 델포이 신전에 가서 "소크라테스보다 현명한 인물이 누구냐?"라고 물었더니, "아무도 없다."라는 신탁을 얻었다는 겁니다.

델포이 신전Sanctuary of Delphi은 그리스 세계에서 가장 권위 있는 사원이었습니다. 가톨릭으로 치면 바티칸의 성 베드로 대성당쯤 된다고 할까요? 개인뿐 아니라 그리스의 여러 폴리스에서 중요한 일을 결정할 때 델포이에 와서 신탁을 받아갔습니다. 페르시아의 침공을 앞두고 아테네인들이 델포이 신전에서 "나무 성벽이 아테네를 수호하리라."라는 신탁을 받고 나서, 배를 타고 살라미스 해전을 벌인 사실은 유명합니다.

소크라테스는 그럴 리가 없다고 생각하고 이 신탁에 반대되는 증거를 찾기 위해 아테네 이곳저곳에 현명하기로 소문난 사람들을 찾아가 질문을 하고 다녔답니다. 그런데 그가 이름난 정치가·시인·장인들을 모두 찾아가서 이야기를 나누어 보니, 실상은 그들 모두 세상 이치에 대해 아는 게 별로 없더라는 겁니다.

적어도
나는 내가 무식하다는 것
정도는 알고 있는데,
다른 사람들은 스스로 아는 게
없다는 사실조차 모르기 때문에
내가 가장 현명한 거구나.

그래서 소크라테스는 앞의 그림에 나오는 대사와 같은 깨달음에 이릅니다. 그런데 독자 여러분이 소크라테스의 말을 듣고 있는 500인 아테네 시민 중 한 명이라면 어떤 기분이 들까요? '저 친구, 결국 나도 무식하다고 말하는 거 아닌가?'라는 생각이 들지 않을까요?

다행히 소크라테스는 이 외에는 두드러진 변론 실수를 하지 않습니다. 그는 자신의 불경 혐의와 젊은이들을 타락시킨 혐의에 대해서도 조목조목 반박하고, 게다가 아테네 시민들의 속내를 헤아린 듯 자신은 크리티아스가 주축인 30인 참주의 부당한 요구에도 굴하지 않았다는 이야기까지 덧붙입니다.

결론적으로 배심원단은 280 대 220이라는 근소한 차로 '유죄'를 선고하고 그에 따른 형으로 '사형'을 제시합니다. 문제는 여기서 또 발생하죠. 당시 아테네 법에 따르면, 피고는 사형에 대한 대안으로 본인이 적당하다고 생각하는 형벌을 제시할 수 있었습니다. 이를테면 추방이나 무거운 벌금형 같은 거죠.

그러면 배심원단은 사형과 피고인이 제시한 형벌 가운데 최종형을 선택하게 됩니다. 그래서 만약 소크라테스가 죽음을 피하고 싶었다면 충분히 가능했다는 의견도 있습니다. 실제로 그는 '1므나의 벌금형'을 사형의 대안으로 제시하는데, 지금의 우리 돈으로 환산하기 어렵긴 하지만 10만 원 정도 될까요? 이로부터 몇 년 후 플라톤이 시라쿠사 왕의 미움을 사서 노예로 팔리는 치욕을 당하는데, 그때 플라톤의 가격이 20므나였다고 하네요.

그 액수가 문제가 아니었다는 의견도 있습니다. 소크라테스의 진짜 잘못은 신에 대한 불경이나 청년들을 타락시킨 게 아니라 아테네 시민들에게 밉보인 일이었으니까요. 그는 일종의 정치범이자 희생양이었던 거죠. 소크라테스 본인이 그 사실을 무엇보다 잘 알고 있었으니 재판이라는 자리를 빌려 그냥 하고 싶은 말을 다 해버린 건지도 모릅니다.

소크라테스가 친구에게 닭 한 마리를 갚아달라고 한 이유

플라톤이 『대화』에서 펼쳐놓는 소크라테스의 드라마는 여기서 끝나지 않습니다. 「소크라테스의 변론」에 이어 「크리톤*Kriton*」에서는 소크라테스가 탈옥을 두고 지인들과 감옥에서 펼치는 논쟁을 소개하고, 마지막으로 「파이돈*Phaidon*」에서는 파이돈의 입을 통해 소크라테스와 나눈 마지막 대화와 함께 그의 죽음을 담담하게 묘사하고 있습니다.

소크라테스가 "악법도 법이다."라는 유명한 말을 실제로 한 적은 없습니다. 「크리톤」에서 그런 의미로 유추할 수 있는 주장을 전개하긴 합니다. 친구 크리톤이 사형 집행을 기다리고 있는 소크라테스의 감옥에 찾아와 탈옥을 권하자 소크라테스는 다음과 같이 반박합니다. 자신이 아테네에 살기로 한 이상 아테네 법을 따를 의무가 있고, 만약 지금 탈옥한다면 어디 가서도 무법자 소리를 듣지 않겠느냐고 말이죠.

그의 말은 공동체 내의 합의에 관한 사회계약론 강의라고도 할 수 있습니다. 물론 공동체가 시민에게 부당한 요구를 할 때도 군말 없이 따라야 하는가에 대해서는 충분한 이론異論이 있겠죠.

소크라테스의 죽음을 직접 묘사한 『대화』 편은 「파이돈」입니다.

소크라테스의 지인인 철학자 파이돈이 소크라테스의 마지막을 지켜보고 나중에 에케크라테스를 만나 이야기를 들려주는 형식으로 쓰여 있습니다.

소크라테스는 독배를 마시기 직전까지도 친구들 앞에서 육체와 영혼의 관계에 대해서 논합니다. 소크라테스에 따르면 죽는다는 건 영혼이 육체로부터 해방되는 일입니다. 설사 그의 말이 맞는다 해도 친구가 죽어가는 모습을 눈앞에서 바라보는 건 괴롭습니다.

플라톤은 소크라테스의 마지막 모습을 그리스에서 가장 슬픈 문장으로 우리에게 알려줍니다. 이 부분만큼은 미리 한번 읽어봐도 좋을 듯하여 여기에 소개합니다.

크리톤이 대기하고 있던 사환에게 신호를 보냈습니다. 그러자 그는 잠시 자리를 비우고 밖으로 나가더니, 독이 든 잔을 휴대한 옥리와 함께 돌아왔습니다. 그러자 소크라테스가 물었습니다.

"친구여, 자네는 이런 일에 익숙할 터이니 내가 어떻게 하면 좋은지 좀 가르쳐주겠나?"

그가 대답했습니다.

"독을 마신 후, 조금 걸으시면 됩니다. 다리가 무거워지는 게 느껴지면 누우십시오. 그러면 독이 작용합니다."

그는 이렇게 말하면서 소크라테스에게 잔을 건넸습니다. 에케크라테스여, 소크라테스는 여전히 쾌활하고 상냥한 태도로, 전혀 두려움이나 표정의 변화를 보이지 않고 잔을 든 후 그를 똑바로 보고 말했습니다.

"혹시 이 잔에서 조금 덜어서 신에게 헌주해도 될까?"

그러자 옥리가 대답했습니다.

"소크라테스, 우리는 꼭 필요한 분량만 준비합니다."

소크라테스는 "알겠네." 하고는 "하지만 헌주가 없더라도, 신들께 내가 저 세상으로 가는 여행을 돌봐달라고 말씀드려야지. 그렇게 기도해야겠네." 하고 말했습니다.

그러고는 컵을 들어 입술에 대고 아무렇지도 않다는 듯이 잔을 비웠습니다. 그때까지 우리는 모두 슬픔을 감추려 애쓰고 있었습니다. 하지만 이제 그가 독배를 들이키는 걸 보자, 더는 참을 수가 없었습니다.

저는 울지 않으려 했지만 눈물이 마구 터져 나왔습니다. 그래서 얼굴을 닦으면서 계속 울었습니다. 그를 위해서가 아니라, 그런 좋은 친구를 잃게 되는 나 자신의 불행이 슬펐기 때문에 울었습니다. 처음 울음을 터뜨린 사람은 제가 아닙니다. 눈물을 감출 수 없었던 크리톤이 먼저 자리에서 일어났고, 제가 그 뒤를 따랐습니다. 그리고 그때까지 계속 흐느끼고 있던 아폴로도로스가 갑자기 큰 소리로 울음을 터뜨려 우리를 놀라게 했습니다. 그러자 홀로 침착함을 유지하고 소크라테스가 말했습니다.

"이 이상한 아우성은 무엇인가? 이런 볼썽사나운 일이 생길까봐 여자들을 물렸건만. 내가 알기로 남자는 평화롭게 죽어야 하네. 그러니 제발 조용히 참아 보게."

그 말을 들은 우리는 부끄러움을 느꼈고, 눈물을 거두었습니다. 그때까지 옥 안에서 걷고 있던 소크라테스는 다리가 풀리는 것을 느끼고 지시받은 대로 등을 대고 누웠습니다. 그에게 독을 가져다 준 옥리가 때때로 그의 다리와 발을 바라보았습니다. 조금 지난 후, 그는 소크라테스의 발을 세게 누르고 느껴지느냐고 물었습니다. 소크라테스는 느껴지지 않는다고 대답했습니다. 그러자 다음으로 다리 쪽을 누르며 느껴지느냐고 묻고, 조금씩 위쪽을 누르면서 같은 질문을 했습니다.

이제 그는 차고 딱딱해졌습니다. 옥리는 그를 만진 후 "독이 심장에 이르면 그걸로 끝입니다." 하고 말했습니다.

몸 가운데가 점점 차가워지던 그는, 갑자기 얼굴을 가리고 있던 천을 젖히고 말했습니다. "이보게 크리톤, 내가 아스클레피오스에게 장닭 한 마리를 빚졌네. 자네가 내 대신 좀 갚아주겠나?"

그러자 크리톤은 "물론 내가 갚지. 그 밖에 할 말은 없나?"라고 되물었습니다.

소크라테스는 대답하지 않았습니다. 하지만 1분인가 2분 정도 후에 그의 몸이 움찔하는 것을 알 수 있었습니다. 그러자 곁에 있던 이가 덮고 있던 천을 내렸습니다. 소크라테스의 눈이 열려 있는 것을 본 크리톤이 두 눈과 입을 닫아주었습니다.

이것이 우리 친구의 마지막이었습니다. 에케크라테스여! 내가 진정으로 말하건대 그는 내가 알았던 이 시대의 모든 사람 가운데 가장 현명하고 정의로운 사람이라고 하지 않을 수 없습니다!

아스클레피오스는 의술의 신입니다. 당대에는 병이 나으면 감사하는 뜻에서 이 신에게 닭을 바치는 관습이 있었으니, 죽음으로 인해 모든 병이 나았다는 뜻으로 보입니다.

함께 읽으면 좋은 책

- ✓ 플라톤의 「소크라테스의 변론」
- ✓ 플라톤의 「파이돈」
- ✓ 플라톤의 「에우티프론」
- ✓ 플라톤의 「크리톤」

플라톤의 저서들은 30여 편 가운데 한 편을 제외하고는 대부분이 대화 형식을 취하고 있어 『대화*Dialogues*』 편이라고 불립니다. 플라톤의 『대화』 편 가운데 다음 네 편은 소크라테스의 재판과 죽음을 소재로 다뤘습니다.

플라톤의 「소크라테스의 변론」

「소크라테스의 변론*Apologia Sokratous*」은 플라톤의 초기 『대화』 편 중 하나이며 소크라테스 처형 후 몇 년에 걸쳐 써진 책으로 보입니다. 제목 그대로 소크라테스가 자신을 변론하는 내용입니다. 500여 명의 배심원들을 앞에 두고 하는 연설인데, 앞서 말했듯이 도무지 그들의 비위를 맞추고자 하는 사람 같지가 않습니다.

자크 루이 다비드, 「소크라테스의 변론」, 1787년

플라톤의 「파이돈」

「파이돈*Phaidon*」은 플라톤의 중기 『대화』 편으로 『국가』 다음으로 널리 읽히는 책입니다. 소크라테스의 최후가 묘사된 편으로, 앞서 말했듯이 파이돈이 후에 에케크라테스를 만나 목격담을 들려주는 형식을 취하고 있습니다. 소크라테스는 감옥에 찾아온 지인들과 영혼의 불멸성에 대해 논합니다.

플라톤의 「에우티프론」

「에우티프론*Euthyphron*」은 소크라테스가 지인 에우티프론과 나누는 이야기가 담겨 있는 초기 『대화』 편입니다. 재판정에서 우연히 만나게 된 소크라테스와 에우티프론은 '경건함'이 무엇인지에 대해 토론하는데, 에우티프론이 경건함에 대해 정의 내릴 때마다 소크라테스는 각 논변의 결함을 찾아내어 반박합니다. 결국 에우티프론은 다른 일이 있다며 자리를 피해버리는 것으로 끝이 납니다.

플라톤의 「크리톤」

「크리톤*Kriton*」은 소크라테스와 그의 친구 크리톤의 대화로 이루어진 짧지만 중요한 초기 『대화』 편입니다. 크리톤은 소크라테스에게 '친구로서의 도리'라는 이유를 들어 탈옥을 권유합니다. 하지만 소크라테스는 아테네와 한 약속을 저버릴 수 없다며 정의와 법률의 관점에서 그 제안을 거절합니다. 이를 바탕으로 사회계약과 시민의 의무에 대한 토론이 벌어집니다. 이러한 것들은 이후 일반철학 이외에도 정치철학이나 법철학에도 큰 영향을 미치게 됩니다.

Part 5

플라톤은 몽상적 공산주의자?

아테네에서 가장 똑똑한 레슬링 선수

소크라테스와 플라톤을 연구하는 사람들에게 가장 어려운 문제는 바로 소크라테스와 플라톤을 구분하는 일이라고 합니다. 왜냐하면 소크라테스는 자신의 철학을 한 줄도 글로 남기지 않았고, 플라톤은 자신의 철학 대부분을 소크라테스가 등장하는 『대화』를 통해 남겼기 때문이죠. 이래서야 어디까지가 소크라테스의 사상이고, 어디서부터가 플라톤의 독창적인 생각인지 알 수가 있나요.

플라톤의 이름(Platon)은 그리스어로 '넓다'는 뜻으로 지은 별명입니다. 실제로 플라톤은 어깨가 넓은 운동선수 체형으로 레슬링에 능했다고 합니다.

그래서 연구자들은 대체로 플라톤의 초기작에는 소크라테스의 영향이 많이 보이고 후기작들은 아무래도 플라톤 자신의 생각이 강하다고 생각합니다. 어쨌거나 그 수많은 『대화』 편의 저자가 플라톤인 만큼 '플라톤 철학' '플라톤주의' 심지어 '플라토닉 러브'란 말도 흔히 쓰지만 '소크라테스 철학'이란 말은 상대적으로 덜 쓰는 경향이 있습니다.

플라톤이 철학이고,
철학이 플라톤이다.
랄프 왈도 에머슨
Ralph Waldo Emerson
1803~1882년
미국의 시인이자 사상가

앞서 철학은 고대 그리스에서 탄생했다고 했습니다. 보통 철학 공부할 때 제일 먼저 등장하는 사람이 바로 밀레토스 출신의 탈레스라는 분이죠. 이 밖에도 아낙시메네스, 헤라클레이토스, 피타고라스, 엠페도클레스 등 다양한 초기 철학자들이 '세상의 근본 물질'이 무언가에 대해 나름의 이론을 전개했습니다. 그래서 그리스 시대에 사람들은 이들을 '자연' 철학자라고 불렀죠.

지금 보면 이들의 철학은 일종의 '존재론ontology'에 속합니다. 그런데 이 와중에 파르메니데스라는 인물이 나타나 청천벽력 같은 이야기를 꺼냅니다. 후세에 남은 작품은 딱 하나 「자연에 대하여*On Nature*」라는 시 한 편인데, 여기서 그는 유명한 일자론一者論을 펼칩니다.

존재는 존재하고,
비존재는 존재하지 않는다.
세상은 존재로 꽉 차 있는데,
운동이란 건 존재가 비존재를 향해
이동하는 것으로, 비존재는 존재하지 않으므로
운동은 불가능하다.
니들이
뭘 알아?
철학자들

파르메니데스
Parmenides
기원전 515년경
~?

그의 요지는 이렇습니다. 세계는 일자一者로 존재하는데, 그 세계의 진짜 모습은 우리가 알 수 없다는 겁니다. 그 주장에 따르면, 우리 눈에 보이는 사물들의 움직임은 실은 다 허상이고 존재는 아무런 변화 없이 그냥 그대로 존재할 뿐입니다.

그럼 이 망치가
당신 머리 쪽으로
운동하는 것도
다 착각이겠네?
그…그렇지.

그렇다면 "우리 눈에 보이는 운동은 다 뭐냐?"라는 질문에 파르메니데스는 그건 다 눈의 착각, 즉 감각의 기만이라고 대답합니다. 이론적으로나 논리적으로 보면

운동이 존재하지 않는 게 틀림없는데, 우리 감각을 믿고 운동이 있다고 생각하면 안 된다는 거죠.

"극단적으로 말하면, 우리가 현실이라고 생각하는 이게 다 꿈일 수도 있잖아?" 파르메니데스는 이렇게 자신의 존재론을 '인식론epistemology'으로 발전시킵니다.

굉장한 말장난 같은데, 막상 당시 철학자들은 이 논리를 깨지 못했습니다. 하지만 이러한 파르메니데스의 기본 생각은 이후 2천 년간 이상 서구 철학사에서 살아남습니다.

우리의 주인공인 레슬링 선수 플라톤도 이 문제와 레슬링을 시작합니다. 그리하여 나타난 플라톤의 결론이 바로 이데아론Theory of Ideas이라고 할 수 있습니다.

이데아란
도대체
무엇인가?

플라톤의 이데아론도 존재론이자 인식론입니다. 그에 따르면 우리가 눈으로 보는 사물의 세계는 배후에 이데아의 세계가 따로 있습니다. 이를테면 여기 의자가 하나 있습니다. 팔걸이가 달린 의자입니다. 그런데 저쪽에는 팔걸이가 없는 의자가 하나 있습니다. 하지만 둘 다 '의자'라는 기본 '형식form'을 충족합니다. 그리고 그 형식은 이데아의 세계에서 존재하는 겁니다. 반대로 말하면 사물은 이데아 덕분에 다양한 방식으로 존재하는 것이기도 하죠.

이데아
갤럭시, 아이폰, 블랙베리 등은
모두 **스마트폰의 이데아** 덕분에
존재하는 겁니다.
즉, 철학을 하든 나라를 경영하든,
선의 이데아가 최종 목표죠.

아직도 알쏭달쏭하죠? 그렇다면 "의자란 게 무엇인가?"라는 질문을 해 보세요. 사람이 앉는 건가요? 우리는 의자 말고도 탁자에도, 바닥에도 앉는 걸요. 플라톤에 따르면, 의자를 의자이게 하는 건 그 용도가 아니라 의자의 '이데아'입니다. 심지어 의자가 사라져도 의자의 이데아는 그대로 존재합니다. 이데아는 사물의 실존과 상관없이 영원불멸하기 때문입니다.

그럼 이데아가 사물의 본질이라면 우리가 평소에 보고 있는 사물들은 도대체 뭐냐, 하는 질문이 자연스럽게 나오겠죠? 플라톤은 여기서 유명한 '동굴의 비유'를 꺼냅니다. 우리가 바로 동굴에 묶인 죄수와 같다는 거죠. 즉 우리가 보는 건 동굴 벽에 비친 그림자일 뿐입니다. 진짜 세계에 대한 인상image 혹은 복제copy에 불과한 거죠.

우리 눈에 비친 그림자, 즉 인상이나 복제의 세계는 늘 변화하며 혼란스럽지만, 진짜인 이데아의 세계는 절대 변하지 않고 고요하며

평화롭습니다. 현실의 의자가 부서진다고 의자의 이데아가 손상되는 건 아니니까요. 또한 현실의 세계는 무엇이나 불완전하지만 이데아의 세계는 모두 완전합니다. 현실의 삼각형은 어딘가 찌그러져 있기 마련이지만 삼각형의 이데아는 언제나 깔끔한 삼각형으로 내각의 합이 무조건 180도죠.

그런데 사실 플라톤이 말하는 이데아란 게 정확히 어떤 의미인지 파악하기는 쉽지 않습니다. 어떨 때는 이데아를 형식인데 실세계의 배후에 존재하는 이상적인 무엇으로 묘사하고, 어떨 때는 물리법칙 같은 것으로 묘사합니다. 피타고라스학파가 "세계는 수數로 이루어져 있다."고 주장한 데 영감을 얻어, 플라톤이 숫자 대신 이데아를 집어넣은 것 같기도 하고, 비유를 싫어하는 플라톤도 비유로만 설명하고 있는 걸로 보아 본인도 잘 모르는 게 아닌가 싶기도 하고요.

피타고라스학파
피타고라스 하면 '피타고라스의 정리'로 유명한 수학자 정도로 생각하지만, 실은 수(數)를 연구하고 숭배하는 일종의 종교집단 교주였다. 피타고라스와 그를 따르는 신도들은 이탈리아 남부 시칠리아에서 공동체를 형성하고 살았는데, 플라톤이 잠시 그들에게 신세를 지기도 했다.

하여튼 플라톤은 이데아의 세계는 존재하며, 현실 세계의 사물은 이데아의 세계를 지향한다고 설명합니다. 왜냐하면 우리가 보는 사물은 불완전하고 덧없지만 사물의 이데아는 완전하고 영원하니까요. 이렇게 완전하고 영원한 이데아에도 위계질서가 있는데 그중에서도 가장 높은 이데아가 선善의 이데아입니다. 또한 플라톤은 인간은 태어나기 전에 원래 이데아의 세계에 살았다고 주장합니다. 이 세상으로 오면서 이데아와 끊어졌지만, 이데아에 대한 개념을 가지고 태어나 이전에 살았던 이데아의 세계를 상기想起하는 능력을 가지고 있다고 말합니다.

오늘날에는 이 말이 좀 이상하게 들리지만, 당시 그리스 세계에서는 나름 인기가 있었습니다. 특히 훗날 신플라톤학파Neoplatonism를 거쳐 성 아우구스티누스를 통해 기독교 신학을 형성하는 데 큰 공헌을 한 주장이죠. 그리하여 플라톤은 13세기 토마스 아퀴나스가 아리스토텔레스를 계승하여 기독교 신학을 다시 한 번 개편하기 전까지는 거의 유일무이한 권위를 지닌 철학자였다고 봐도 무방합니다.

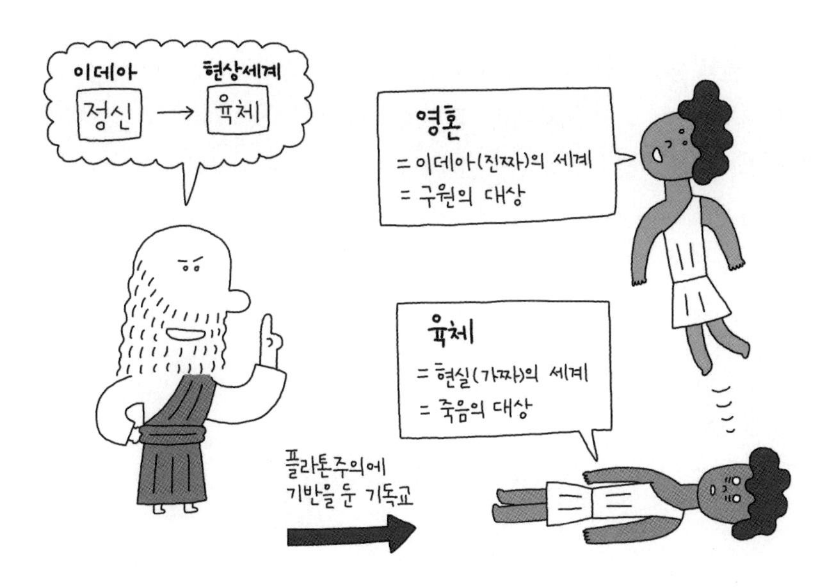

레슬링을 좋아하던 스물여덟 살 청년 플라톤의 인생은 소크라테스의 재판과 죽음으로 영원히 바뀌게 됩니다. 재판 직후 플라톤은 일단 아테네를 떠납니다. 소크라테스 재판이 일종의 민주주의 반대파들에 대한 정치재판이었음을 감안할 때, 아테네에 계속 남아 있는 건 위험하다고 판단했기 때문입니다. 이후 12년 동안 플라톤은 메가라·이집트·시칠리아 등을 돌아다니며 일종의 세계 일주를 마치고 아테네로 돌아옵니다.

『국가』는 플라톤 철학의 정수

플라톤의 본격적인 철학 활동이 시작된 건 아테네로 다시 돌아온 이후부터입니다. 그는 아테네에 세계 최초의 대학 아카데미아를 설립해서 학생들을 가르치는 한편, 본격적인 저술 활동도 시작하죠. 이 시기의 가장 유명한 작품은 역시 『국가』입니다. 어찌 보면 『국가』에는 플라톤의 핵심 사상뿐 아니라 플라톤 이후의 모든 철학까지도 다 들어 있다고 해도 과언이 아닙니다.

이 한 권에
루소, 니체, 마르크스,
베르그송, 프로이트
다 들어 있어요.
국가

윌 듀런트
William J. Durant
1885~1981년
미국의 철학자

아카데미아

아카데미아Akademeia는 플라톤이 아테네 성벽 밖에 세운 학교다. 아테네의 영웅 아카데모스Akademos의 무덤 자리에 학교를 지어서 그렇게 이름 붙였다. 동로마 제국 시대에 유스티니아누스 황제가 이교도 철학을 가르친다는 이유로 폐쇄를 명령하여, 1천 년 만에 문을 닫고 만다.

앞서 소개한 이데아론도 『국가』에 등장하는 이야기인데요. 그런데 『국가』의 진짜 주제인 플라톤의 정치철학은 좀 미심쩍은 구석이 많습니다.

플라톤은 평소 '평범한 사람들이 나라를 다스리는' 민주주의에 불만이 많았어요. 따지고 보면 소크라테스를 죽인 것도 아테네 민주주의였으니까요. 그렇다고 그가 독재자들이 지배하는 국가를 바란 것도 아닙니다. 크리티아스가 주도한 30인의 참주에도 물린 바가 있잖아요.

그럼 대안은 무엇일까요? 그 유명한 '철인왕哲人王'이 다스리는 국가입니다. 그런데 요상하게도 그 나라는 숙소와 일상용품, 심지어 아내와 자식들까지 공유하는 극단적인 공산주의 전제국가입니다.

> 철학자들이 왕이 되든지, 세계의 왕과 군자들이 철학의 정신과 힘을 얻어서 정치적 위대함과 지혜가 한곳으로 모일 때까지는, 그래서 철학과 권력이 서로를 배제함이 없이 협력하기 전까지는, 도시들은 결코 악으로부터 벗어나지 못할 것이며, 인류 역시 악에서 빠져나오지 못할 거라고 믿네.
>
> ……
>
> 우리 방위자의 아내들은 물론, 자식들 역시 공유되어야 한다네. 따라서 어떤 부모도 자기 자식을 알아볼 수 없고, 자식 역시 누가 진짜 부모인지 알아서는 안 되네.

플라톤은 가상의 나라를 구상하면서 농부나 장인 같은 평범한 일을 하는 생산자와 나라를 지키는 방위자 계급을 구분했습니다. 특히 방위자들은 어릴 때부터 나쁜 생각에 물들지 않도록 국가에서 철저히 관리하면서 키워야 한다고 주장합니다.

그들을 교육할 때는 음악도 잡스럽고 시끄러운 음악 대신 단조로운 음악만 들려주고, 서사시처럼 거짓으로 가득 찬 이야기는 들려주면 안 되었죠. 이들은 남녀를 불문하고 어릴 때부터 신체와 영혼을 강하게 단련하는 데만 주력해야 하니까요.

플라톤은 이들이 다 커서도 국가가 제공하는 숙소에서 일상용품을 공동으로 사용하며 함께 지내야 한다고 주장합니다. 결혼 후에도 아내와 자식들을 공유하면서 오로지 나라를 지키는 데만 몸 바쳐야 하고요. 부모들이 합숙 생활을 하면 아이들은 어떻게 키우느냐고요? 아이들도 보육원에서 국가가 대신 길러줍니다.

상상만 해도 끔찍하죠? 그런데 여기서 끝이 아닙니다.

플라톤은 "개나 새들을 교배시킬 때 혈통이 좋은 것끼리 짝을 맞추는 게 옳다면, 사람도 뛰어난 남자와 뛰어난 여자가 함께 살도록 하는 게 맞다."라고 당당히 주장합니다. 히틀러보다 2천5백 년이나 앞서서 역사상 최초로 인간 우생학을 주장하는 셈이죠.

이렇게 하려면 당연히 시민의 결혼을 국가에서 관장해서, 뛰어난 사람과 열등한 사람이 섞이지 않도록 짝을 잘 맞춰야 할 겁니다. 특히 통치자들은 미천한 사람이면 미천한 사람과만 엮이도록 조작해야 하고요.

플라톤이 진짜 이런 나라를 만드는 게 가능하다고 생각했는지는 불확실합니다. 하지만 훗날 시라쿠사의 독재자 디오니시우스가 자신을 초청했을 때 플라톤이 왕을 철학자로 만들어보고 싶다고 생각했음 직하죠.

하지만 독재자가 철학자가 되는 건 철학자가 왕이 되는 것보다 더

열등한 자의 자손은 물론
우월한 자의 자손일지라도
불구로 태어난 아이들은,
당연한 일이지만 아무도 모르는 방법으로
아무도 모르는 곳에 버려질 걸세.
또한 아주 교묘한 제비를 만들어서,
열등한 자들이 자기들끼리 짝지어지는 것을
지배자 때문이 아니라
불운 탓이라고 한탄하도록
만들어야 하네.
떠든 사람
플라톤
곽동훈
국가

어려운 일이었습니다. 디오니시우스는 뭐가 마음에 안 들었는지 크게 화를 내고 플라톤을 노예 상에게 팔아버렸으니까요. 그때 플라톤의 가격이 20므나였다고 앞에서 말씀드렸죠.

디오니시우스 1세
Dionysius I of Siracusa
기원전 432~367년경

시라쿠사의 참주였던 그는 시칠리아 남부 지역을 제패한 강력한 독재자였습니다. 그는 시인과 철학자들을 환대했는데, 어찌된 셈인지 플라톤과는 잘 맞지 않았던 모양이네요.

나라에서 시인을 추방하자!

그건 그렇고 플라톤은 이상국가에서 시인들을 추방하자고 한 걸로 유명한데요. 실제로 『국가』를 읽어보면 추방이라는 말은 안 나오지만 시인에 대해 거의 저주에 가까운 평가를 담고 있습니다. (소크라테스의 입을 빌린) 플라톤에 따르면 다음과 같은 이유인데요. 첫째는 시인들이 거짓말을 너무 많이 한다는 겁니다.

> 우리 미래의 방위자들이 별 것 아닌 일로 다투는 버릇이 들지 않게 하려면 진실이건 아니건, 신들이 음모를 꾸민다거나 서로 싸운다거나 또는 천상에서 전쟁이 벌어진다거나 하는 이야기를 해주어서는 안 되네.
>
> 헤파이스토스가 어머니 헤라를 묶었다거나 혹은 제우스가 헤라를 때리자 헤파이스토스가 그녀 편을 들다가 제우스에게 벌을 받았다거나 하는, 이런 모든 이야기들이 호메로스의 책에 나오는데, 우리 나라에는 이런 이야기들이 허용되어서는 안 되네. 그 이야기들이 비유적인 것이건 아니건 말일세.

아이들이 이런 거짓말을 듣고 배울까 겁난다는 얘기죠. 플라톤은 이것만으로도 부족했는지, 『국가』의 내용 뒷부분에서 시인이 어째서 저열한 족속인지 다시 한 번 설명합니다.

헤라는 제우스의 아내이자 결혼과 가정의 여신입니다. 손재주가 뛰어난 대장장이 신 헤파이스토스는 제우스와 헤라 사이에서 태어난 아들이고요. 헤파이스토스는 절름발이 신으로도 유명한데, 제우스의 바람기 때문에 부부가 싸움하던 중에 헤파이스토스가 헤라 편을 들어서 제우스에게 얻어맞고 장애인이 되었다는 설이 있습니다.

다른 설로는, 헤라가 헤파이스토스를 낳고 보니 흉측한 외모에 장애를 지니고 있어, 올림포스 산 아래로 던져버렸다는 이야기가 있습니다. 후일 헤파이스토스는 어머니 헤라에게 옥좌를 선물했는데 거기에 앉은 헤라는 빠져나올 수가 없었습니다. 헤파이스토스가 옛일을 잊지 않고 복수한 거죠. 결국 제우스가 디오니소스에게 부탁해 헤파이스토스를 취하게 한 다음에야 헤라를 구할 수 있었습니다.

이번에는 이데아론을 다룬 이후이므로 보다 학술적으로 설명하고 있습니다. 즉, 현실이 이데아의 모방인데, 시는 현실의 모방이므로 '모방의 모방'에 불과하다는 겁니다.

"모방은 일종의 놀이에 지나지 않고 심각한 것은 아니다." 게다가 그는 한 술 더 떠서 이런 주장도 보탭니다. "시는 소수의 사람에겐 예외지만, 훌륭한 사람까지도 타락시킬만한 힘을 지닌다."

내 말을 듣고 판단해 보게. 내 생각에는, 우리가 호메로스나 비극 작가들의 작품을 들을 때, 이야기 속에서 어떤 영웅이 자신의 불행을 슬퍼하며 길게 한탄하거나 울거나 가슴 치며 괴로워할 때, 우리 중에 가장 훌륭한 자마저도 동정심을 느끼고, 자신의 마음이 움직이는 것에 대해 감탄하면서 시인의 뛰어난 능력을 찬양하곤 하지.

다른 말로 풀어보면 우리는 감동적인 작품을 쓴 작가를 높이 평가한다는 얘기입니다. 그런데 그게 문제인가요? 플라톤은 그렇다고 대답합니다. 왜냐하면 "우리가 사적으로 슬픈 일을 당할 때면, 앞서 언급한 바와는 반대로 남자라면 태연하게 참고 견디는 자세를 자랑으로 여겨야 할 터인데, 아까 우리가 칭찬한 것은 여자나 취할 태도이기 때문"이랍니다.

남자라면 모름지기
기뻐도 기쁜 척,
슬퍼도 슬픈 척은
하지 말아야지.
잘났어. 정말!
나가서 돈이나
벌어 와요!
아내,
크산티페
소크라테스

크산티페Xanthippe는 소크라테스의 아내입니다. 그녀는 서구에서 소크라테스에게 물바가지를 퍼붓는 악처의 표상처럼 묘사되곤 했는데요. 소크라테스는 아내 크산티페에 대해 "거친 말일수록 길들일 가치가 있다."라고 표현한 바 있습니다. 하지만 플라톤과 크세노폰의 기록에 따르면 그녀는 그리스의 보통 아내이자 어머니였다고 하네요.

따라서 그는 "우리 나라에서 허용할 거라고는 신들에 대한 송시頌詩와 영웅들에 대한 찬시讚詩뿐"이라고 결론 내립니다.

그런데 이 결론은 굉장히 모순적인 것입니다. 사실 플라톤만큼 '시인'이란 정의에 잘 들어맞는 사람도 드물거든요. 플라톤은 그리스에서도 가장 아름다운 문장으로 소문난 사람입니다.

게다가 그는 『대화』의 각 편마다 엄청나게 많은 신화와 호메로스의 서사시 등을 인용하기도 합니다.

이쯤 되면 플라톤의 『국가』란 쓰레기 책이 아닌가 싶을 수도 있습니다. 하지만 그렇지는 않아요. 이 모든 허황한 이야기에도 불구하고, 플라톤의 『국가』가 지닌 가치는 무한합니다. 좀 역설적이지만 플라톤이 가장 하고 싶어 했던 이야기인 '올바르게 국가를 다스리는 법' 빼고, 나머지 이야기는 다 중요하죠. 또 무엇보다도 그 이야기들을 전개해 나가는 방식, 즉 소크라테스가 말하는 '철학적 문답법'은 더욱 중요합니다.

국가론 외에는 모두 가치 있는 책, 『국가』

『국가』 역시 소위 소크라테스의 문답법이 유감없이 발휘되는 『대화』 편 가운데 하나입니다. 이야기는 어느 밤 소크라테스가 글라우콘과 아테네 시내에서 열린 축제를 구경하러 갔다가 폴레마르코스와 아데이만토스 등을 만나 함께 그의 집으로 가는 것으로 이야기가 시작됩니다.

이런저런 이야기를 하다 보니 '정의'가 무엇인가에 대한 토론으로 이어졌습니다. 마침 그 자리에는 유명한 소피스트인 트라시마코스도

있었는데, 소크라테스는 질문에는 대답하지 않고 은근슬쩍 그가 먼저 말을 하도록 도발하죠. 마침내 트라시마코스는 자신의 성질을 이기지 못하고 낚싯바늘을 덥석 물고 맙니다.

즉 트라시마코스는 "힘이 곧 정의"라고 말하는 것입니다. 사람들은 "부정한 일을 행하기가 무서운 것이 아니라, 그것을 당하기가 무서워서 부정을 비난"하고, "부정은 그것이 어지간히 크기만 하면, 정의보다는 더 강하고 더 자유롭고 더욱 세력이 큰 것"이라고 주장합니다. 고전문헌학자인 프리드리히 빌헬름 니체가 트라시마코스의 말에서 영감을 얻어 '초인'과 '권력의지'를 이야기한 것 같지 않나요?

트라시마코스와의 일회전이 끝나자 이번에는 글라우콘이 정의를 사회계약의 문제로 확대시킵니다.

사람들은 이렇게 말합니다. 원래 부정을 행하는 게 좋고 부정을 당하는 건 나쁘지만, 부정을 당할 때의 나쁜 점이 행할 때의 좋은 점보다 크다고요. 그래서 둘 다를 경험해 본 사람들이 한쪽만 택할 수는 없음을 깨닫고, 다들 어느 쪽도 하지 말자고 합의를 이루는 게 좋겠다고 생각합니다. 그래서 법이 생기고, 서로 간 계약도 생기는 겁니다. 그래서 법이 정한 것은 합법적이고 정당하다고 여겨지고요. 이것이 정의의 본질이자 기원이라고 할 수 있습니다.

글라우콘의 얘기는 18세기에 등장한 사회계약론 중 하나라고 해도 손색이 없습니다. 하여튼 이런 과정을 거쳐 그들의 이야기는 개인의 정의에서 사회의 정의, 나아가 나라의 정의까지 넘어갔고, 그러다가 가장 이상적인 나라는 어떤 나라인가 하는 논의에 이르게 된 것입니다.

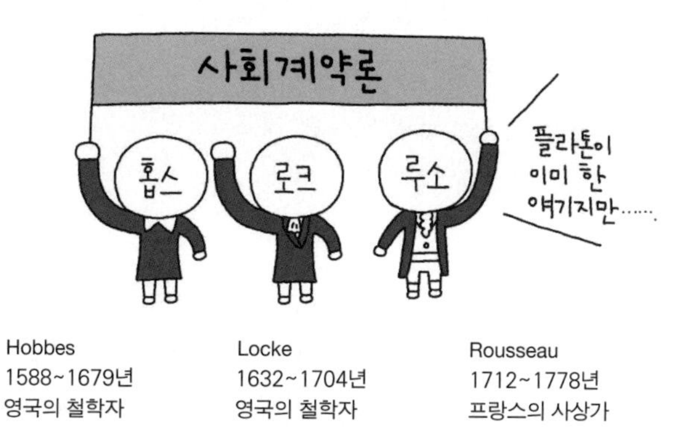

『국가』에서 소크라테스(의 입을 빌린 플라톤)가 꼴통 같은 소리만 하는 건 아닙니다. 이를테면 어떤 부분에서는 굉장히 자유주의적인 가치관을 보여줍니다.

아래를 읽어보세요. 오늘날 핀란드 같은 나라에서 채용한 교육방식 아닌가요?

> 하지만, 우리 교육 체계에서는 어떤 강요도 있어서는 안 된다네. …… 왜냐하면 자유인은 어떤 지식을 얻기 위해서라도 노예가 되어서는 안 되기 때문이네. 체육은 강제로 해도 몸에 해가 없지만, 지식을 강제로 주입하면 정신에 남아 있지를 않지. …… 교육은 강제로 시키면 안 될 뿐 아니라, **공부 자체가 일종의 놀이가 되어야 하네.** 그러면 애들이 원래 지닌 소질을 훨씬 더 잘 개발할 수 있다네.

또한 소크라테스는 시대를 감안할 때 놀라운 페미니스트입니다. 한편으로는 여자들처럼 감정을 소모하는 것을 비판하면서도, 다른 한편으로는 "여자들 중에서도 천품을 타고난 사람"이 있다면 통치자로 선발해야 한다고 주장하니까요. 당시만 해도 사람들이 여자는 오직 집안일에 국한된 존재라고 생각할 때죠. 그리스 최고의 민주주의 국가인 아테네도 여성에게는 투표권조차 주지 않던 시절입니다.

그 밖에도 『국가』에는 (아마도 소크라테스와) 플라톤의 혜안이 곳곳에 숨어 있습니다. 민주주의에 대해 트라우마를 지닌 플라톤이 이상 국가를 그린 망상을 제외하면 굉장히 가치 있는 책입니다. 참고로 『국가』에서 지독히도 반민주적인 이야기를 늘어놓아도 플라톤이 무사했던 건, 당시 아테네에 표현의 자유가 살아 있었기 때문이란 사실을 잊으면 안 됩니다.

그리고 『국가』는 무엇보다도 **재미있습니다**. 후세 지식인들이 괜히

플라톤에 반한 게 아닙니다. 처음 접근할 때 좀 어렵지만, 고대 그리스 문화에 대한 상식과 철학사에 대한 기본 지식을 갖추고 보면 무척 재미있습니다. 좀 길다는 게 단점이긴 한데, 시간 여유가 있을 때 플라톤의 『국가』를 붙잡고 천천히 읽어보기를 권합니다.

플라톤의 이상 국가와 스파르타 체제 사이의 유사성에 주목하는 사람들이 많습니다. 실제로도 닮은 점이 꽤 많은데요. 플라톤의 이데아론은 스콜라 철학 안에서 살아남았지만, 역시 스파르타 체제에서 영감을 얻은 그의 정치사상은 인기가 없었습니다. 그래서 플라톤의 『국가』를 읽은 척하면서 찬양하는 사람은 많아도, 실제로 읽고 그의 정치사상을 찬양하는 사람은 별로 없습니다.

함께 읽으면 좋은 책

- ✓ 플라톤의 「향연」
- ✓ 플라톤의 『국가』
- ✓ 홉스의 『리바이어던』

플라톤의 「향연」

사람에 따라 플라톤의 최고작은 『대화』 편 중 「향연*Sympssion*」이라고 말하는 경우도 있습니다. 다른 건 몰라도 플라톤의 작품 중 제일 재미있는 건 사실입니다. 여기서 '향연'이란 우리말로 하면 '회식'인데요. 친구들끼리 모여서 술 마시며 즐기는 것을 말합니다. 이날 회식에서 플라톤의 친구들도 하나같이 지식인들이어서 상당히 지적인 대화를 나눕니다.

이날의 주제는 '사랑'인데요. 희극작가로 유명한 아리스토파네스의 이야기가 굉장히 재미있습니다. 신이 인간을 창조할 때 원래는 두 사람이 등이 붙은 채로 만들었답니다. 팔도 넷, 다리도 넷, 머리는 둘인 이상하게 생긴 이 존재는 굉장히 힘이 세서 신에게 대들었습니다. 할 수 없이 달걀을 반쪽으로 가르듯이 '인간'들을 반쪽으로

안젤름 포이어바흐, 「플라톤의 향연」, 1869년

나누어서 현재와 같은 모습의 사람들이 태어났다는군요. 그래서 인간들은 원래 자신의 반쪽이었던 상대를 그리워하는데 그것이 사랑이랍니다.

여기서 가장 재미있는 부분은 원래 신이 '두 쪽' 인간을 창조할 때, 남자+남자, 남자+여자, 여자+여자 이렇게 세 가지 조합으로 만들었는데, 이들을 갈라놓으니 각자 원래의 반쪽을 그리워한다는 설명입니다. 즉 이 때문에 게이와 레즈비언이 생겼다는 것이죠.

플라톤의 『국가』

앞서 말했듯이 플라톤의 『국가*Politeia*』는 모든 철학의 시작입니다. 철학에 관심이 있다면 무조건 읽는 게 좋습니다. 철학사에서 『국가』를 읽지 않으면 진도를 나갈 수 없습니다. 당장 아리스토텔레스를 공부하려면 플라톤의 『국가』부터 읽고 넘어가야 합니다. 심지어 미학 공부를 하기 위해서도 『국가』를 먼저 읽고 아리스토텔레스의 『시학』을 읽어야 해요.

산치오 라파엘로, 「아테네 학당」의
플라톤과 아리스토텔레스, 1509년

영어로는 보통 '공화국Republic'이라고 하는데요. 그리스어로는 '폴리테이아' 즉 '정치체제'의 의미에 가까운 제목입니다. 글자 그대로 어떤 정치체제가 좋을까 하는 이야기입니다.

재미있는 건 많은 사람들이 플라톤의 『국가』를 읽지 않은 채 읽은 척 하고, 심지어 그의 이상 국가를 "철인왕哲人王이 다스리는 나름 괜찮은 나라"라는 식으로 평가한다는 사실입니다. 하지만 이 책에서 이미 소개했다시피 실제로 플라톤이 생각한 이상적인 국가의 실상을 알고 나면 그렇게 생각하기 어렵습니다.

정치학적으로 보면, 플라톤의 『국가』는 실패작입니다. 스승 소크라테스를 죽인 아테네 민주주의에 대한 실망과 그에 대비되는 스파르타의 전체주의에 대한 호감이 낳은 미숙한 작품이라고 보아도 됩니다. 하지만 역설적이게도 플라톤의 정치적 식견만 빼면 나머지는 모두 보물 같은 작품입니다. 왜 그런지는 이미 설명했으니 시간이 넉넉할 때 천천히 읽어보세요.

홉스의 『리바이어던』

플라톤의 『국가』와 비교해서 함께 읽으면 좋을 책을 한 권 더 소개해드릴까 합니다. 토마스 홉스가 쓴 『리바이어던*Leviathan*』이란 책인데요. 이 책은 '사회계약론'에 대해 이야기하고 있습니다.

사회계약론자 중 가장 선배라고 할 수 있는 홉스는 에스파냐의 무적함대가 영국을 침공한 1588년에 태어납니다. 무적함대의 소식에 놀란 홉스의 어머니는 홉스를 일곱 달 만에 출산했습니다. 홉스는 자신이 태어난 것에 대해 "공포와 나는 쌍둥이로 태어났다."고 자서전을 통해 언급합니다.

태어날 때부터 공포와 함께한 영향 때문인지, 홉스는 "사람은 사람에게 있어서 늑대이다."라고 이야기합니다. 자연 상태의 사람이란 자기를 보존하기 위해 언제든지 서로를 해칠 수 있는 늑대 같은 존재라고 생각한 거죠. 홉스는 그렇기 때문에 '계약'이 필요하다고 주장했습니다. 합의를 거친 계약을 통해 군주에게 권력을 위임하고, 통치에 따르자는 거죠. 군주제를 정당화하기 위해 지적인 억지를 부린 셈입니다. 그러나 정작 홉스가 『리바이어던』을 헌정한 찰스 2세는 자신의 권력이 하늘에서 내린 것이라고 생각해서 사회계약의 개념을 싫어했다고 합니다.

『리바이어던』 표지, 1651년

Part 6

민주주의 아테네와 군국주의 스파르타의 기원

삼백 명이 백만 명을 막아낸 나라

이쯤에서 고대 그리스 세계를 대표하는 나라인 아테네와 스파르타에 대해 부연 설명을 해 보겠습니다. 기원전 5세기경에 아테네와 스파르타의 체제가 완성되는데요. 구체적으로 어떤 모습이었는지 알아두면 고전을 읽을 때 큰 도움이 됩니다.

아테네가
민주주의로 유명하다면
스파르타는
군국주의로 유명합니다.
하지만 스파르타 역시
민주적인 면이 없었던 것은
아닙니다.

긴 암흑시대가 끝나고 아르카익기에 들어서면 그리스 땅뿐 아니라 스페인과 프랑스 등 지중해 주변 유럽 각 지역과 아프리카와 흑해 연안까지 그리스인들이 만든 200여 개의 폴리스가 들어섭니다.

이 가운데 스파르타는 왕이 있는 군주제를, 아테네는 민주정을 운영하는 등 각 폴리스마다 상이한 제도를 채택했습니다. 여기서 하나의 공통점이 있다면 어디나 시민들이 폴리스 운영에 대해 강력한 발언권을 지니고 있었다는 점입니다.

흔히 아리스토텔레스가
'인간은 정치적 동물이다.'라고
말했다고 알려져 있는데요.
그의 뜻을 보다 정확히 표현하면
'인간은 폴리스적 동물이다.'에
가깝습니다.

당시 그리스에서 시민들의 정치적 발언권이 강했던 이유는 무엇이었을까요? 모든 폴리스는 시민이라면 누구나 국방의 의무를 지는 소위 국민개병제를 기초로 한 정치체제를 운영했다는 점이 중요한 실마리가 될 것입니다.

시민이라면 누구나 전쟁에 나가 함께 싸웠으므로 그만큼 국정에 대해서도 발언권이 강했다고 봐야죠. 게다가 시민이라면 누구나 무기를 갖추고 있었기 때문에 겉보기에 가난하다고 무시하면 언제든지 반란을 일으킬 수 있었다는 뜻도 됩니다.

실제로 선동가들이
쿠데타를 시도한 적이 있었고,
때로는 성공하기도 했습니다.

먼저 스파르타 이야기부터 하죠. 예전에는 스파르타 하면 주로 스파르타식 학습, 스파르타식 재수학원 등 가혹하다 싶을 만큼 심하게 관리하는 교육방식이 먼저 생각나는 분이 많았을 거예요.

최근에는 「300」이란 영화 때문에 스파르타 자체가 많이 유명해졌습니다. 300명의 스파르타인들이 테르모필레Thermopylae 협곡에서 페르시아의 100만 대군을 막아내는 이야기죠. 물론 한 명의 배신자 때문에 결국 패배하긴 했습니다만.

그건 그렇고 스파르타는 심하게 이상한 나라였습니다. 아테네도 이상한 구석이 없진 않았지만 스파르타는 더 이상한 나라였습니다. 얼마나 이상했는지 지금부터 하나하나 설명할 텐데요. 독자 가운데서 제 말을 듣고도 못 믿는 분이 있을지도 몰라요.

저뿐만 아니라 당시의 그리스 사람들도 스파르타를 이상하게 봤습니다. 한편으로는 스파르타인의 강인함과 군사적 위용에 경탄했지만, 다른 한편으로는 그들의 전체주의와 지나친 단순성을 경멸했다고나 할까요.

그리스인들도 이상하게 생각한 나라, 스파르타

스파르타는 군주제를 채택하고 있었습니다. 군주제니까 당연히 왕이 있었죠. 그런데 스파르타의 군주제는 스파르타답게 좀 이상해서 왕이 두 명이었습니다. 왜 두 명이 필요했냐고요? 스파르타 사람들 생각에는 전쟁이 나면 왕이 앞장서서 싸워야 하는데, 그때 나라는 누가 다스리겠느냐는 거죠.

스파르타의 두 왕좌는 대대로 같은 가문에서 맡았는데요. 물론 권력 분산 효과도 있었습니다. 두 왕은 각자 상대의 제안에 대해 거부권Right of Veto이 있었거든요.

스파르타의 군주제는 왕이 두 명일 뿐 아니라 일반적인 군주제보다는 좀 더 민주적인 편이었습니다. 스무 살 이상의 모든 시민이 참여하는 평의회, 60세 이상의 시민 스물여덟 명과 두 왕으로 구성된 원로원, 그리고 행정부 역할을 하는 다섯 명의 에포Ephor가 있었거든요. 그러니까 오늘날의 입헌군주제와 비슷하다고 할 수 있습니다.

스파르타에 사는 사람은 크게 세 계급으로 나누어졌습니다. 스파르타 시민들은 스스로를 '평등한 사람'이란 뜻의 호모이오이homoioi라고 불렀습니다. 이들은 기원전 8세기 이전에 펠로폰네소스 반도로 이주해온 도리아인의 후손이었는데요. 호모이오이는 원래 스파르타 땅에 살던 주민들을 '외부인' 혹은 요즘말로 하면 '영주권자' 정도의 뜻인 페리오이코이perioikoi이라고 부르면서 시민으로 인정하지 않았죠. 그리고 마지막으로 스파르타인들이 정복한 이웃나라 메세니아 사람들로 '국가 노예' 역할을 하던 헤일로타이heilotai가 있었습니다.

스파르타의 군주제

왕 ········ 종교·사법·군사 면에서 지도력을 발휘함
평의회 ········ 정책 제안을 하고, 원로원 의원을 투표로 뽑음
원로원 ········ 제안된 정책을 채택 혹은 거부. 재판 등 사법 기능
에포 ········ 두 왕과 함께 행정부 역할

그리스 다른 지역에도 물론 노예는 있었는데요. 개인이 아니라 국가가 노예를 소유하고 집단적으로 관리하는 경우는 스파르타뿐이었습니다. 스파르타인은 생산을 모두 국가 노예인 헤일로타이에게 맡기고 매일같이 맹렬한 군사훈련에 매진했습니다. 덕분에 스파르타인은 전 그리스에서 가장 강한 전사들이 되었죠.

우리는 맨날
군사훈련
우리는 맨날
농사
우리는 노예니까
뭐든 시키면 다 함
호모이오이
페리오이코이
헤일로타이

스파르타는 정말 오직 전쟁에 이기기 위해 만들어진 나라 같았습니다. 그들은 아이가 태어나자마자 충분히 튼튼하지 않으면 내다 버렸습니다. 버려진 아이들이 꼭 죽는다는 법은 없지만 우연히 마음씨 착한 어른이 발견하지 않는 한 대부분 죽었겠죠.

그 아이들이 일곱 살이 되면 남자들만 있는 공동숙소에 들어가서 스무 살 때까지 자랍니다. 물론 먹고 자고 훈련하는 게 이 어린이들의 일상입니다. 열여덟 살이 되면 버젓한 호모이오이, 즉 평민이 되는데 이제 시민으로서 모든 권리를 누릴 수가 있습니다. 스무 살부터는 결혼도 할 수 있고요. 아니, 스파르타에서 결혼은 권리라기보다는 의무 같은 것이었습니다. 결혼의 최대 목적이 건강한 스파르타인의 생산이었단 말이죠.

스파르타인들은 이런 생각을 극단까지 밀어붙입니다. 즉 결혼의 목적이 건강한 시민의 재생산이므로, 신체적·정신적으로 훌륭한 후손을 생산할 수 있다면 기혼 여성도 남편 아닌 다른 남자와 잠자리하는 것을 문제 삼지 않았던 거죠. 오히려 나이 많고 허약한 남성이 젊은 부인을 독점하는 것을 비난하는 풍토가 있었습니다. 그래서 스파르타에는 간통이라는 개념이 없고, 젊은 여성이 결혼과 무관하게 성적 자유를 누렸습니다.

고대 사회의 전투적 공산주의

스파르타는 마치 스토아주의자들이 세운 공산주의 국가 같았습니다. 결혼 후에도 남자들은 매일 함께 군사훈련을 하고, 공동 식당에서 거친 식사를 했습니다. 남자는 서른 살이 되어서야 자기 집에서 생활할 수 있는데, 그 후로도 예순 살까지 예비군에 편입되어 훈련을 계속했죠. 이들이 가장 중요하게 생각한 것은 고대 그리스인들이 짜낸 보병진인 팔랑크스Phalanx 훈련이었습니다. 영화 「300」을 보신 분들은 어떤 건지 감이 잡힐 겁니다.

팔랑크스 훈련

맨날 먹고 자고 싸우는 것 외에는 전혀 관심이 없었던 스파르타 사람들은 사치라고는 모르는 생활을 했습니다. 식사도, 의복도, 주거도 모두 소박했죠. 폴리스도 마찬가지여서 각종 신전과 조각상이 즐비한 아테네와는 달리 스파르타의 분위기는 그냥 시골이었습니다. 심지어 돈의 개념도 희박했어요. 돈이란 게 있긴 있었지만 무거운 쇳덩이로 만든 별 가치 없는 물건이었고, 스파르타 안에서는 돈을 쓸 일 자체가 거의 없었습니다.

남들이 보기에는 답답하기 그지없는 집단주의·전체주의·군국주의 국가였지만, 스파르타 사람들은 모든 변화를 거부하면서 그냥 그렇게 살고 싶어 하는 듯 보였습니다. 그들은 심지어 "외부로부터 들어올 수 있는 나쁜 영향"을 막기 위해 외국인을 거부했습니다. 물론 외교적 목적으로 스파르타를 방문하는 사람들은 받아들였지만, 교역을 목적으로 들어오는 사람이나 단순한 여행자는 국경에서 되돌아가야 했죠.

스파르타 사람들이 이 단순한 생활 방식을 누릴 수 있었던 이유를 생각해 볼 필요가 있습니다. 무엇보다도 스파르타 시민보다 더 많은 수의 헤일로타이가 노예 생활을 하면서 필요한 모든 것을 공급했기 때문이라는 점을 잊어서는 안 됩니다.

헤일로타이의 생활은 비참하기 그지없었는데요. 스파르타인들은 그들을 노예로 부리는 것도 모자라, 때때로 실전 훈련을 하기 위해 죽이기까지 했습니다.

헤일로타이를 감시하는 비밀 조직도 있었습니다. 주로 열여덟 살이 되기 전의 소년들로 이루어진 크립테이아Crypteia라는 조직은 헤일로타이의 일거수일투족을 감시했죠. 맡은 일에 태만한 헤일로타이를 발견하면 쥐도 새도 모르게 암살하는 일도 크립테이아의 임무 중 하나였습니다.

스파르타는 지금 돌아보면 굉장히 비인간적이고 당시에도 다른 그리스인들이 그리 탐탁지 않게 생각했던 체제지만, 엄청나게 안정적이었다는 사실만큼은 부인할 수 없습니다. 체제 자체가 모든 변화를 거부하도록 설계되어 있었다고나 할까요.

그런데 스파르타의 정치제도에서 재미있는 건 한 사람의 입법자가 스파르타의 제도를 모두 만들어냈다는 사실입니다. 정말이냐고요? 적어도 스파르타 사람들은 그렇게 믿고 있었습니다.

그의 이름은 바로 리쿠르고스. 스파르타의 전설적인 입법자입니다. 기원전 7세기경 인물이라 추정하기도 하지만, 실은 실존 인물인지조차 불분명합니다. 만약 실존 인물이라면 역사상 최초이면서도 가장 완벽한 전체주의 체제를 고안하고 실현한 사람이라고 봐도 무방합니다.

한 가지 개인적으로 확신하는 것은, 플라톤이 『국가』를 쓸 때 이 사람이 된 기분으로 썼으리라는 겁니다.

아테네인의 인생은 즐기면서 사는 것

스파르타에 리쿠르고스가 있다면 아테네에는 솔론이 있었습니다. 리쿠르고스는 실존 여부가 불분명하지만, 솔론은 실제로 살았던 사람입니다. 그리스의 일곱 현인 중 한 사람으로 불리는 솔론은 아테네에서 활동한 정치인이자 시인이었죠. 솔론은 절제를 미덕으로 삼았던 금욕적인 리쿠르고스와는 달리, 원래 상인 출신의 부자여서 인간이 즐길 수 있는 쾌락을 마다하는 사람이 아니었습니다.

인생의 목적은 행복이고, 행복해지기 위해선 쾌락이 필요하지 않겠는가!
금욕! 절제!
스파르타
아테네
리쿠르고스
Lycurgus
기원전 800년경
~730년경
솔론
Solon
기원전 640년경
~560년경

기원전 6세기 말경 아테네는 각 지역마다 파벌이 만들어져 서로 심하게 갈등했습니다. 게다가 극심한 빈부 격차까지 더해져 상황은 악화됐죠. 그런데 마침 아테네 시민들이 너나 할 것 없이 솔론만큼은 덕망이 높다고 인정하고 있었기에 왕이 되어 정치를 개혁해달라고 그에게 부탁했습니다. 하지만 그는 "전제 군주는 좋은 자리이긴 하지만 한 번 그 자리에 앉게 되면 떠날 수가 없게 된다."라고 말하며 거절했다죠. 그러고는 아르콘archon으로서 정치 개혁에 착수했습니다.

솔론이 가장 먼저 한 일은 채무자들의 빚을 탕감해주는 것이었습니다. 왜냐하면 당시 아테네는 빈부 격차가 심해지면서 농민들이 빚을 갚지 못해 부자의 노예가 되는 일이 허다했기 때문입니다. 솔론의 뜻은 적어도 아테네 사람이 아테네 사람의 노예가 되는 일은 없어야 한다는 것이었죠. 하지만 그는 이 정책으로 부자와 가난한 농민 양쪽에서 비난을 받아야 했습니다.

지혜로운 자의 뜻이 제대로 이해되려면 시간이 걸리나 봅니다. 한때 솔론을 비난했던 아테네 시민들도 결국엔 솔론의 뜻이 옳았음을 알고 그에게 계속 개혁을 맡겼다고 하네요.

솔론은 7세기부터 통용되던 드라콘 법Draconian Law 가운데 살인죄에 해당하는 것 외에 모든 조항을 폐기하고, 보다 관용적인 법률 체계를 도입했습니다. 드라콘이란 인물이 만든 드라콘 법은 대부분의 범죄에 사형을 선고하는 등 지나치게 엄격했기 때문이죠.

솔론이 만든 아테네는 스파르타와 완전히 대조적이었습니다. 스파르타 체제가 외부로부터의 영향을 최소화하고 기존 체제를 철저하게 수호하는 게 목표였다면, 아테네 체제는 외부와 최대한 많이 교류하고 변화에 순응하는 게 목표였던 거죠.

솔론은 상공업을 장려하고 무역에 힘쓰는 법을 제정했습니다. 플루타르코스에 따르면 이는 스파르타의 토지가 시민과 헤일로타이 모두를 먹여 살릴 만큼 비옥했던 반면, 아테네의 땅은 상대적으로 척박해서 대지의 산물만으로는 충분치 않았기 때문입니다.

솔론의 업적 가운데 가장 중요한 것은 역시 아테네 민주주의의 기초를 닦은 일이죠. 솔론 이전까지 아테네는 최고 통치자 아르콘과 일종의 원로원인 아레오파고스로 이루어진 정부가 다스렸는데요. 솔론은 아테네 시민을 네 부족으로 나누어서 각 부족마다 100명씩 하원 의석을 제공하고, 이전까지 아르콘이 결정하던 판결을 아테네 시민으로 구성된 배심원에게 맡기는 등의 제도를 도입했습니다. 즉, 귀족의 권력 중 일부를 시민에게 나누어준 거죠.

아르콘은 아테네의 공식 지배자였습니다. 요즘으로 치면 대통령쯤 되는 자리이죠. 여러 영어 단어가 이 'Archon'에서 유래했습니다.

Anarchy : 무정부 상태. 즉 아르콘이 없는 상태란 뜻.
Monarchy : 군주제. 아르콘이 하나만 있는 것.

아레오파고스Areopagus는 아테네의 귀족과 원로들로 이루어진 모임입니다. 아르콘을 지낸 자들도 포함됩니다.

아테네와 스파르타는 남한과 북한?

변화 없는 사회였던 스파르타와는 달리 아테네의 체제는 솔론이 기틀을 다진 후 여러 우여곡절을 겪었습니다.

기원전 540년 페이시스트라토스Peisistratos, 기원전 600년경~527년경란 자가 나타나 쿠데타를 일으켜 독재자가 되었거든요. 그는 아르헨티나의 후안 도밍고 페론Juan Domingo Peron, 1895~1974년 같은 대중영합주의 독재자의 원형으로 알려져 있습니다. 20년 동안 집권한 후 사망한 그는 아들들에게 권력을 물려주었는데요. 그중 하나는 살해되고, 나머지 한 아들은 추방되는 걸로 참주정이 끝나고 말았습니다.

페이시스트라토스의 아들들 이야기를 좀 더 해 보죠. 그는 두 아들 히피아스와 히파르쿠스에게 권력을 물려주었는데, 이들에게 원한이 있던 하르모디오스는 절친인 아리스토게이톤과 함께 판아테나이아Panathenaia 축제 기간에 두 참주를 살해하려 했습니다. 그 결과 현장에서 히파르쿠스와 거사자인 하르모디오스가 현장에서 죽고 말았죠.

용케 살아남은 히피아스가 아리스토게이톤에게 공범을 추궁하자, 그는 히피아스에게 자기와 악수를 하면 대답하겠다고 한 후 그의 손을 잡고 "형제를 죽인 자와 악수하는 미친놈!"이라며 비난했다고 합니다.

이후 아르콘이 된 클레이스테네스Cleisthenes, 기원전 570년경~508년경는 솔론의 체제를 더욱 민주적으로 발전시켰고, 기원전 451년에 페리클레스의 개혁을 거친 후 마침내 아테네의 민주주의는 흔히 말하는 '고대 그리스 민주주의'의 대표적인 모습으로 완성됩니다. 다시 말하자면 아테네의 민주주의는 시민의 참정권을 조금씩 확장하면서 몇 대에 걸친 개혁을 통해 이루어진 것입니다.

어떤 의미에서
아테네 민주주의는
귀족 계급과 평민 계급이
역사적으로 여러 사건을
거치면서 만들어낸
정치적 타협의 산물이라고
할 수 있지요.

결과적으로 완성된 아테네 민주주의는 과연 어떤 모습이었을까요? 일단 전체 시민이 참여하는 최종 의사결정 기구인 민회가 있었습니다. 그리고 상설 기구로 500인 평의회가 있었는데, 요즘으로 치면 관청이죠. 재미있는 건 30세가 넘은 시민이라면 누구나 매년 '추첨으로' 의원이 될 수 있었다는 사실. 공무원 시험이 따로 없었다는 얘기죠. 하지만 임기가 1년이고, 두 번 당첨되면 그 후에는 다시 재임하지 못하는 규정이 있었어요.

입법과 행정뿐 아니라 사법도 시민들 손에 달려 있었습니다. 역시 30세 이상의 아테네인 가운데 600명을 추첨으로 뽑아 시민 배심원단을 구성한 거죠. 그런데 이 배심원들은 배심원이자 재판관 역할까지 했다는 게 재미있는 점입니다. 소크라테스에게 사형을 선고한 것도 바로 이들입니다.

아테네 시민들이 저를 통해
펠로폰네소스 전쟁의 패배를
화풀이한 거라고 해도
과언은 아닙니다.

도편 추방제

아테네 민주주의에서 가장 특이한 요소 중 하나가 바로 도편 추방제Ostracism다. 몇 명의 참주를 경험한 아테네 시민들이 위험 분자를 미리 제거하는 수단으로 고안해낸 제도다. 아테네 시민들은 도자기 파편에 자기가 생각하는 인물의 이름을 적어서 가장 많은 표를 얻은 인물을 10년간 아테네에서 추방했다. 애초 취지는 좋았으나 나중에는 정적을 제거하기 위한 수단으로 사용되기도 했다. 결국 이 제도는 펠로폰네소스 전쟁 초기에 폐지되었는데, 도편 추방에 걸릴 것을 예감한 알키비아데스의 교묘한 음모가 작용했다.

전체적으로 아테네 민주주의는 시민의 '참여'를 최대화하는 쪽으로 구성되었다고 보아야 합니다. 물론 대통령과 비슷한 아르콘이 존재하기는 했지만 국가의 모든 결정에 가능한 한 시민들이 직접 참여했습니다.

'공동체 사안에 적극적으로 참여하는 시민'이란 아테네인의 이상적인 인간상이기도 했습니다. 폴리스에서 살아가는 시민이라면 당연히 전쟁 때 군인으로 싸우는 일뿐 아니라 일상적으로 공동체의 업무에 관심을 가져야 한다는 거죠.

영어의 멍청이(idiot)란 단어는
'공적인 일에 관심이 없는 자'란 뜻의
그리스어 이디오테스(idiotēs)에서
유래했습니다.

참, 아테네 사람들은 아이들을 어떻게 키웠냐고요? 주로 아버지가 아들을 가르쳤습니다. 앞서 시민이 되기 위한 기본 교육인 파이데이아에 대해 설명했죠. 호메로스와 비극 시인들의 작품을 읽고 외우는 게 제일 중요한 교육이었다고요.

이야기했듯이 스파르타 아이들은 일곱 살만 되면 기숙사에 들어가서 훈련을 받았는데요. 아테네는 분위기가 완전 달랐습니다. 뭐든 가족 중심이었죠. '가족이 모여 나라가 된다.'는 생각이었다고나 할까요. 그리고 사회 분위기도 훨씬 개방적이고 자유로웠습니다. 아테네와 스파르타는 남북한처럼 분위기가 달랐다고 할 수 있습니다. 그리하여 후세 유럽인들이 소위 고전을 쓰면서 인용한 그리스의 제도는 거의 아테네의 제도라고 보면 됩니다.

함께 읽으면 좋은 책

✓ 칼 포퍼의 『열린사회와 그 적들』

칼 포퍼의 『열린사회와 그 적들』

『열린사회와 그 적들*Open Society and Its Enemies*』은 이쯤에서 한번 읽어볼 만한 좋은 책입니다. 칼 포퍼Karl popper는 펀드매니저로 유명한 조지 소로스의 스승입니다. 소로스는 스승의 가르침에 깊은 감명을 받아 '열린사회'를 추구하기 위한 목적으로 재단까지 만들었습니다. 흔히 우리가 '소로스 재단'이라고 알고 있는 것이 실제로는 '열린사회 재단 Open Society Foundations'이라는 이름을 지니고 있습니다. 물론 지금 소개하는 책의 제목에서 따온 이름입니다.

그렇다면 '열린사회'란 과연 무엇일까요? 포퍼가 말하는 열린사회의 개념을 정확하게 이해하기 위해서는 이 책을 읽어야 합니다. 그러나 개요는 이미 독자가 떠올리는 이미지와 크게 다르지 않습니다. 닫힌사회, 즉 전체주의 사회와 반대되는 개념이 맞습니다. 포퍼가 말하는 닫힌사회는 역사를 통해 좌우를 가리지 않고 존재해왔는데요. 사회의 폐쇄성 문제는 좌우 이념이 아니라 다른 차원에서 작동한다는 게 그의 생각입니다. 그리고 이론적으로 볼 때, 닫힌사회를 주창한 원조 이론가는 바로 이 책의 스타 중 한 명인 레슬링 선수, 플라톤입니다.

칼 포퍼, 1980년대

민주주의도 아테네에서 탄생했지만, 민주주의의 가장 큰 적인 '닫힌사회' 사상을 낳은 것도 아테네였습니다. 물론 아테네 시민 플라톤이 경외한 스파르타라는 모델이 있었기 때문이기도 합니다. 포퍼는 플라톤의 전체주의 사상이 근대에 와서 헤겔과 마르크스로 이어진다고 생각합니다. 특히 이 근대학자들은 플라톤의 철인국가론에 역사주의를 가미하여 더욱 정교한 '닫힌사회' 이론을 구성했습니다.

사실 이렇게만 설명해서는 이해하기 쉽지 않은데요. 시간 나실 때 한번 읽어보세요. 앞서 이야기했던 플라톤의 이야기를 떠올리면서 읽으면 그리 어렵지도 않을 거예요.

Part 7

알렉산드로스와 아리스토텔레스의 시대

스파르타의 몰락

기원전 4세기의 그리스는 지난 세기와 많이 달랐습니다. 펠로폰네소스 전쟁 직후 스파르타는 잠시 그리스의 패권을 장악했지만, 오래가지는 못했습니다. 스파르타가 총독을 임명한 이오니아의 각 도시에서는 반란이 일어났고, 그리스 반도에서는 테베와 코린트 등이 세력을 키우기 시작했습니다. 심지어 테베는 전통적 앙숙이던 아테네와 동맹을 맺고 스파르타에 대항했습니다.

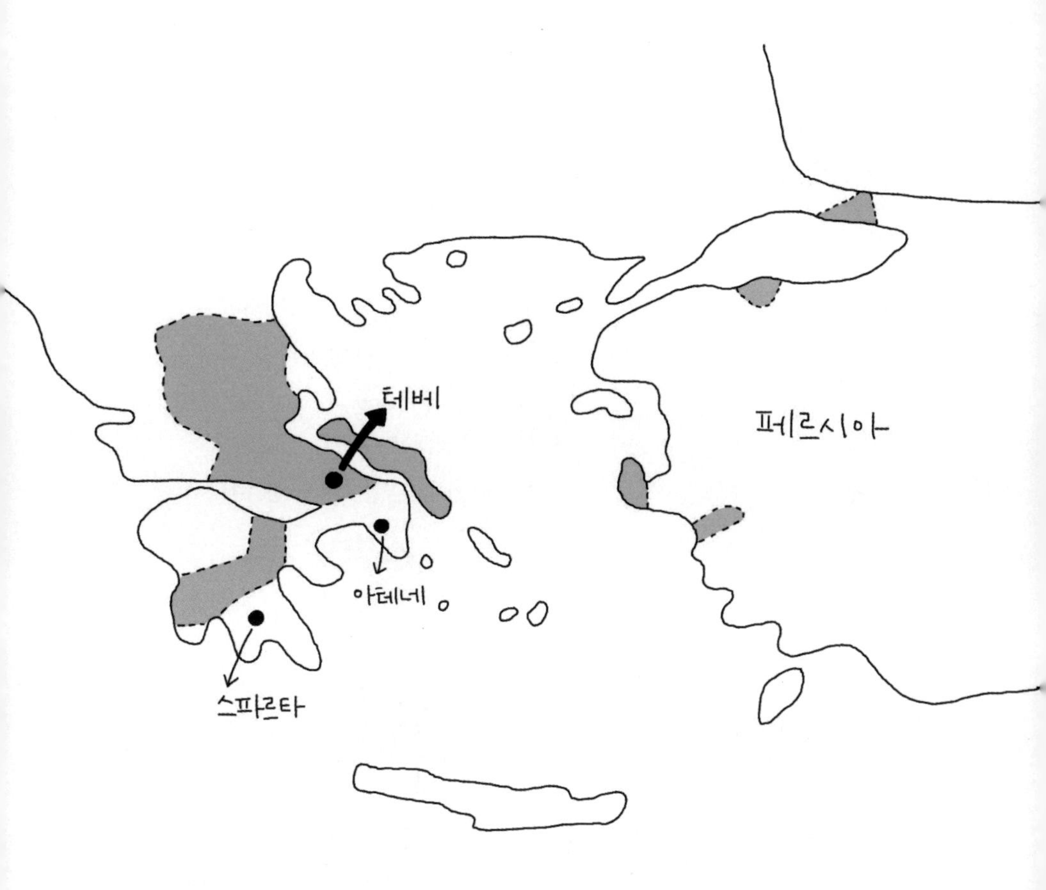

테베의 헤게모니
기원전 371년 레욱트라 전투에서 승리하면서 시작되어,
기원전 362년 만티네이아 전투에서 패배할 때까지
지속되었다. 결국 기원전 346년 마케도니아 왕국의 힘에
밀려 잠식당했다.

기원전 370년경 스파르타는 결정적으로 테베의 침공을 받고 다시는 재기하지 못합니다. 왜냐하면 테베의 장군 에파미논다스가 레욱트라Leuctra 전투에서 스파르타 군을 물리친 후 스파르타 경제의 기반이 되는 헤일로타이를 모두 해방했기 때문입니다.

이후 스파르타의 세력은 쇠락하고 테베가 그리스의 중심 폴리스로 등장하여, 소위 '테베의 헤게모니' 시대가 옵니다.

경제적
하부 구조가 무너지면
정치적 상부구조는
저절로 붕괴한다는 게
카를 마르크스 선생의 가르침이지.

에파미논다스
Epaminondas
기원전 410년경~362년
기원전 4세기 중반 테베의 장군이다. 그는 짧은 동안이지만 스파르타의 헤게모니를 파괴하고 그리스 반도에 새로운 질서를 구축했죠. 하지만 기원전 362년 그가 사망한 후 마케도니아가 급성장하고 머지않아 그리스는 필리포스와 알렉산드로스의 지배 아래 놓이고 만다.

헤일로타이란 원래는 스파르타 인근의 라코니아와 메세니아 지역 주민이었으나 기원전 600년경 스파르타에 정복된 이후 그들의 노예 노릇을 했다고 설명했죠.

바로 이 헤일로타이들이 스파르타 경제의 밑바닥을 떠받치고 있었기 때문에, 스파르타의 시민들이 군사훈련에 매진할 수 있었던 것이고요.

지난 세기 페르시아 전쟁 이후 "우리는 모두 그리스인"이라는 정체성을 획득했던 그리스는, 마치 춘추전국시대를 맞은 듯 크고 작은 문제로 서로 다투었고, 펠로폰네소스에 간접적으로 개입했던 페르시아는 아직도 그리스에 영향을 끼치고 있었습니다. 이 와중에 북쪽에서는 필리포스 2세가 마케도니아를 새로운 군사 강국으로 만들고 있었습니다.

알렉산드로스
Alexandros
기원전 356년경~323년

얘한테 가정교사를 붙여줘야겠는데.
필리포스 2세

마케도니아 왕 필리포스 2세와 훗날 대제국을 건설한 아들 알렉산드로스
고대의 마케도니아와 현재의 마케도니아는 다르다. 오늘날 마케도니아 공화국은 (구)유고슬라비아의 일부로 고대 마케도니아 왕국과는 큰 관련성은 없다. 물론 알렉산드로스가 한때 이 지역을 정복하기는 했다.

아테네만 보면 비록 전성기Golden Age는 아니지만 시민들 생활은 비교적 안정되어 있었습니다. 아테네 특유의 민주주의도 제 기능을 발휘했고, 이번 세기에는 특별히 큰 전쟁도 없었죠. 매년 아테네에서 여는 판아테나이아 축제나 디오니소스 축제도 계속되었습니다.

다만 예전에는 아이스킬로스나 소포클레스의 장중한 비극이 인기였다면, 이젠 시민들이 에우리피데스의 막장 드라마를 좋아하기 시작했다는 게 달라진 분위기를 반영합니다. 기원전 4세기 중반에 들어서면 아테네 사람들은 메난드로스의 '시트콤'을 보면서 박장대소합니다.

메난드로스

메난드로스Menandros는 위대한 인물이 아니라 평범한 인간들이 등장하는 가족 드라마를 유행시킨 극작가다. 대표작 『심술 영감』은 괴팍한 노인네와 그의 딸과 결혼하려는 청년, 그리고 두 가족들 이야기이다.

판아테나이아 축제

판아테나이아 축제Great Panathenaea는 고대 아테네에서 매년 벌이던 종교적 축제이다. 기원전 566년 참주 페이시스트라토스 때 올림픽 제전을 본떠 시작했다. 그래서 축제 기간 동안 권투·레슬링·판크라티온·전차 경주 등의 경기를 진행했는데, 그중에서도 전차 경주가 단연 인기였다. 하지만 경기보다 더 중요한 것은 행진이었다. 이 행진에 오직 아테네 시민만이 참여할 수 있었고, 거의 모든 아테네인이 참여했다. 행진은 도시 외곽에서 시작해서 아크로폴리스 언덕의 아테네 신전에서 끝났는데, 그곳에서는 수십 혹은 수백 마리의 소를 도살하여 제단에 바치고 고기를 나누었다. 그리하여 행진이 있는 날 저녁 모든 아테네인은 가족 친지와 모여 구운 고기를 먹으면서 즐겼다. 아테네인들은 이런 의식을 통해 판아테나이아의 진짜 목적인 폴리스의 연대의식을 고취했다.

디오니소스 축제

술의 신 디오니소스를 기리는 디오니소스 축제City Dionysia는 아테네에서 판아테나이아 축제 다음으로 중요한 행사였다. 특히 이 기간 동안 연극제가 벌어졌는데, 아이스킬로스, 소포클레스 등 유명 작가들은 바로 이때 작품을 발표하고 서로 경쟁했다.

실용적인 학생, 아리스토텔레스

이런 와중에 플라톤 선생은 아테네 한구석에 아카데미아를 열고 있었습니다. 이 학교에는 아테네뿐 아니라 그리스 전역에서 온 똘똘한 젊은이들이 공부하고 있었습니다. 그런데 어느 날 당시 사람들이 그리스에 속하는지 헛갈려 했던 마케도니아 출신의 청년이 하나 들어오는데, 아 글쎄 보기 드물게 영민한 겁니다. 이 청년 아리스토텔레스는 기원전 367년부터 자그마치 20년 동안이나 플라톤 밑에서 수학하게 됩니다.

그런데 아리스토텔레스는 스승과는 조금 기질이 달랐습니다. 뭐랄까, 스승이 관념적이라면 이 청년은 상대적으로 굉장히 실용적이라고나 할까요. 아리스토텔레스는 우리 모두 동굴에 묶인 죄수이고 눈앞에 보이는 현실은 그저 진실의 그림자에 불과하다는 스승의 이야기에 코웃음을 칩니다.

현실적인 학생 아리스토텔레스는 스승의 이데아론을 100퍼센트 부정하기는 어려웠는지, 이데아 혹은 형식이 현상의 기반이 되긴 하지만, 그 형식은 현상 속에 체현되어 있다고 주장합니다.

의자의 이데아가 현실과 동떨어진
이데아의 세계에 있는 게 아니다.
의자 있는 곳에 의자의 이데아가 있고,
의자 없이는 의자의 이데아도 없다.

또한 스승이 최고로 치는 선善의 이데아에 대해서도 반박을 내놓습니다. 『니코마코스 윤리학*Ethika Nikomacheia*』에서 이렇게 말했죠.

"모든 '선'에 공통되는 **이데아**란 있을 수 없다. 더 나아가 생각건대, '선'은 '존재'만큼이나 많은 의미를 가지고 있기 때문이다."

하지만 아리스토텔레스는 형이상학의 바다에서만 헤매기에는 관심 분야가 너무 넓었습니다. 그는 철학·미학·윤리학·논리학·정치학 등 인문학과 사회과학뿐 아니라, 생물학·박물학·천문학 등 자연과학에 이르기까지 당시로서는 지식의 모든 영역을 연구했다고 해도 과언이 아닐 정도로 백과사전적 지식을 갖추었습니다.

아리스토텔레스의 학교는 종합대학

기원전 347년 플라톤이 사망하자 아카데미아는 새로운 대표자가 필요했는데, 많은 사람이 가장 박식한 아리스토텔레스가 뽑힐 거라고 기대했습니다. 하지만 피는 물보다 진한 법인지, 플라톤의 조카 스페우시포스가 대표 자리를 차지했고, 아리스토텔레스는 이를 계기로 아테네를 떠나 한동안 동지중해의 레스보스섬에 있는 지인의 궁정에서 생활합니다.

우리의 부지런한 철학자는 거기서 피티아스라는 이름의 여인을 만나 결혼에 골인합니다. 그때 그의 나이 서른일곱, 피티아스는 열여덟 살이었습니다.

기원전 343년 레스보스섬에서 한가로운 나날을 즐기고 있던 아리스토텔레스에게 놀랄 만한 소식이 날아듭니다. 평소 아리스토텔레스의 명성을 익히 알고 있던 마케도니아의 필리포스 2세가 그를 왕립학교 교장으로 초빙한 것입니다. 물론 필리포스는 당시 열세 살이던 알렉산드로스 왕자의 가정교사가 필요했던 거죠.

마케도니아에 도착한 아리스토텔레스는 막 사춘기에 접어든 알렉산드로스와 귀족 아이들에게 철학·논리학·윤리학 등의 학문을 가르치고 그리스인의 기본 교양인 호메로스의 작품을 읽게 합니다.

전설에 따르면 알렉산드로스는 호메로스 작품 중에서도 『일리아드』를 매우 좋아했다고 합니다. 자신을 아킬레우스와 비슷한 인물로 생각했다죠. 그래서 아리스토텔레스가 직접 주석을 단 『일리아드』 한 권을 알렉산드로스에게 선물했더니 훗날 동방 원정을 떠날 때도 가

져가서 읽었다고 합니다. 그 보답인지 알렉산드로스는 정복하는 곳마다 특이한 동식물을 발견하면 채집해서 박물학에 열중하는 스승에게 보내줬다고 합니다.

아리스토텔레스를 초청했던 필리포스 2세가 기원전 336년 암살당하자, 약관 스무 살의 알렉산드로스가 재위를 이어받아 부친의 정복 사업을 이어갔죠. 한편 마케도니아의 궁정에서 알렉산드로스의 선물만 기다리고 있기에는 우리의 철학자는 지나치게 부지런한 사람이었습니다.

기원전 335년에 아리스토텔레스는 아테네로 돌아와 아카데미아와 쌍벽을 이루는 학교 리케이온Lykeion을 설립합니다. 아카데미아가 철학에 치중했다면, 리케이온은 철학을 비롯해 그의 관심 분야인 자연과학 등을 포함한 전 학문 분야를 공부하는 종합대학에 가까웠습니다.

그즈음 아테네의 분위기는 이미 지난 세기와 확연히 달라져 있었습니다. 페르시아의 요구를 단호히 거절하고 전 그리스가 단결해서 전쟁을 불사했던 조상들과 달리, 당시 그리스인들은 필리포스 왕의 당근과 채찍에 쉽게 넘어가서 '마케도니아가 주도하는 그리스'라는 현실을 적어도 겉으로는 당연하게 받아들이고 있었죠. 페리클레스 시절 아테네의 영광 같은 건 이미 100년 전 역사가 되어버렸고요.

그렇거나 말거나 아리스토텔레스는 리케이온에서 후학을 양성하고, 스스로도 공부에 열중합니다. 낮에는 아고라 대신 리케이온의 뜰을 제자들과 함께 거닐며 학문을 논하고, 밤에는 일반인을 상대로 보다 개론적인 수준의 강의를 했다더군요. 플라톤스러운 귀족주의 대신 실용주의로 똘똘 뭉친 학자다운 모습이죠. 그 와중에 본인 공부도 따로 했으니 정말 부지런한 사람이었습니다.

아리스토텔레스는 자연과학의 전 분야에 관심을 기울이고 업적을 남겼지만, 시대가 시대인지라 부정확한 관찰 때문에 오류도 많았습니다. 이를테면 "무거운 물건이 가벼운 물건보다 빨리 낙하한다." 같은 설명이 전형적인 사례입니다. 후일 갈릴레오 갈릴레이가 이 주장을 반박하기 위해 피사의 사탑에서 공 두 개를 떨어뜨려야 했습니다(실은 피사의 사탑 이야기도 확인 불가능한 전설입니다). 그건 그렇고 그가 "남자의 치아 수가 여자보다 많다."고 주장한 건 왜 그랬는지 모르겠네요.

남녀가 유별하니
치아를 관찰할
여성의 수가
부족해.

이 외에도 "분노는 심장 주변의 피가 끓는 것"이라든가, "눈은 하늘색이 담겨서 파랗다."는 등 지금 보면 좀 우스운 얘기도 많습니다. 그럼에도 불구하고 우리는 아리스토텔레스가 인류 문명의 기반 중 하나인 '경험과학'의 기초를 닦은 사람이란 점을 잊어서는 안 됩니다. 아리스토텔레스는 가능한 모든 경우에 직접 대상을 관찰하면서 과학적 진술을 남겼던 것입니다. 당시 저울이나 온도계 등 정확한 측정 기구가 없었다는 점이 안타까울 뿐이죠.

논리학과 미학의 아버지

아리스토텔레스의 백과사전적 지식 가운데 오늘날까지 남아 있는 또 다른 유산을 들라면 논리학과 미학입니다. 이분이 바로 '삼단논법三段論法'이란 걸 창시하신 분입니다. 삼단논법을 쓰면, 어떤 주장이든 전제만 맞는 한 완벽한 연역이 가능합니다.

삼단논법은 역逆이나 대우對偶도 가능해서, 변형태를 다 모으면 수십 가지가 넘습니다.

철학자는 춤을 추지 않는다.
아리스토텔레스는 철학자다.
나는 춤을 추지 않는다.

아리스토텔레스의 미학 사상은 『시학*Poetica*』이라는 작은 책 하나에 거의 다 담겨 있습니다. 『시학』은 당시 아테네에서 유행하던 연극 양식 중 하나인 비극에 대해 다룬 책인데, 이 책의 여기까지 읽은 독자라면 별로 어렵게 느끼지 않을 터이니 가벼운 기분으로 읽어보는 것도 좋습니다.

아리스토텔레스의 유명한 '카타르시스catharsis' 개념도 여기에 등장하고, 당시 아테네에서 유행하던 여러 작품들에 대한 구체적인 비평도 볼 수 있습니다. 몇 가지 중요한 요점만 짚어볼게요.

1. 비극은 서사시보다 더 위대한 예술 양식이다. 왜냐하면 서사시에 담긴 모든 요소는 비극에 포함되어 있지만, 비극의 모든 요소가 서사시에 들어 있지는 않기 때문이다.
2. 비극은 동정과 공포를 불러일으키는 행동의 모방으로서, 보는 이들에게 카타르시스를 초래한다.
3. 비극은 보통 사람보다 뛰어난 위대한 인물을 다루고, 희극은 보통 사람보다 못난 사람을 다루는 예술이다.
4. 비극에서 가장 중요한 것은 플롯plot이고 다음이 캐릭터character다.
5. 역시 소포클레스의 『오이디푸스 왕』이 최고다.

이 외에도 중요한 이야기가 많으니, 철학이나 미학을 공부하는 독자라면 꼭 한 번 읽어보세요. 문고판으로 170쪽 정도이니 전혀 길지 않습니다.

그건 그렇고, 혹시 움베르토 에코의 『장미의 이름』을 읽은 독자가 있나요? 스포일러이긴 한데, 『장미의 이름』은 아리스토텔레스의 (발견되지 않은 가상의 책) 『시학 2』를 둘러싸고 벌어지는 추리물입니다. 우리가 읽은 『시학』이 비극을 다룬다면, 『시학 2』는 희극을 다룬다는 설정입니다.

기원전 323년 알렉산드로스 대왕이 서른셋이라는 젊은 나이에 사망하고, 알렉산드로스 제국이 순식간에 몇 개로 갈라지자, 아테네에는 반反마케도니아 감정이 싹트기 시작합니다. 아리스토텔레스도 소크라테스와 마찬가지로 신을 불경하게 대한다는 익숙한 비난을 듣습니다. 하지만 우리의 철학자는 역시나 실용적인 사람이어서 재판이 열리기 전에 재빨리 아테네를 떠나 에우보이아섬으로 이사를 갑니다.

하지만 아리스토텔레스는 노령이라 갑작스러운 환경 변화에 적응하기가 쉽지 않았는지 아테네를 떠난 후 1년도 되지 않아 자연사하고 맙니다. 그의 유언은 아내 옆에 자신을 묻어달라는 것이었습니다. 하지만 현재 아리스토텔레스의 무덤이 어디 있는지 아는 사람은 아무도 없습니다.

플루타르코스의 『영웅전』에서는 철학자 아리스토텔레스의 죽음을
전해 들은 안티파트로스가 친구에게 보낸 편지 내용을 소개한다.
"그분은 여러 가지 장점을 갖추고 있었으며,
특히 남을 끌어들이는 힘이 뛰어났다."

아리스토텔레스는 로마와 중세 초기를 거치면서 서구에서 한동안 잊힌 존재였습니다. 리케이온을 떠날 때 너무 서두르는 바람에 저서들을 챙기지 못했던 것도 한 이유고, 알렉산드리아의 도서관들이 불타버린 것도 한 이유겠죠. 하지만 다행히도 비잔틴 세계가 그의 가치를 알아보고 많은 저서를 보관하고 있었습니다.

그 후 아랍인들이 콘스탄티노플(현재의 이스탄불)과 북아프리카, 스페인까지 정복하면서 아리스토텔레스를 ‘재발견’했고, 특히 알 파라비Al-Farabi, 아비체나Avicenna, 이븐 루시드Ibn Rushd 등의 아랍학자들이 아리스토텔레스 연구에 몰두했습니다. 아리스토텔레스는 결국 그들을 거쳐 토마스 아퀴나스에게도 전해져서 유럽 기독교계를 뒤흔들어 놓습니다.

아라비아숫자는 실은 인도 사람이 개발하고 아라비아 사람이 이어받아 유럽에 전한 것입니다.

함께 읽으면 좋은 책

- ✓ 아리스토텔레스의 『시학』
- ✓ 움베르토 에코의 『장미의 이름』

아리스토텔레스의 『시학』

미학 분야에서 가장 유명한 책 두 권을 꼽으라면 아리스토텔레스의 『시학*Poetica*』과 칸트의 『판단력 비판』입니다. 칸트의 책을 읽지는 않더라도 아리스토텔레스의 책은 읽는 게 좋습니다. 왜 하필이면 『시학』만큼은 꼭 읽어야 하느냐. 어느 분야나 그렇겠지만 공부를 하다 보면 모든 사람들이 일종의 레퍼런스로 삼는 책들이 있습니다. 그래서 어떤 책을 읽든지, 저자가 "독자가 당연히 이 책은 읽었겠지."라는 기분으로 이야기를 늘어놓는단 말이에요. 따라서 만약 독자가 그 책을 읽지 않았다면 저자의 이야기를 도무지 따라갈 수가 없어요. 미학 분야에서 『시학』은 그런 책 중 하나입니다.

플라톤이 예술에 대해 어떤 입장을 지녔는지는 이 책에서 이미 다 설명했습니다. 그는 시인 따위는 웬만하면 나라 밖으로 추방해버리는 게 좋다고 생각했습니다. 따라서 시에 대해 정식으로 제대로 된 평론서를 낸 사람은 아리스토텔레스가 처음이라고 봐도 무방합니다. 그는 기존에 나와 있는 시 중 어떤 시가 좋은 시이고, 좋은 시를 쓰기 위해서는 구체적으로 어떤 조건을 갖추어야 하는지, 시를 읽으면 왜 좋은

지 등등에 대해 최초의 기준을 세운 것입니다. 아리스토텔레스의 미학은 롱기누스와 호라티우스를 거쳐, 중세 후반까지 시인들의 사고를 지배합니다. 라신, 몰리에르 등 17세기 프랑스 신고전주의 작가들이 여전히 아리스토텔레스 미학에 충실한 작품을 쓴 사실은 유명합니다.

움베르토 에코의 『장미의 이름』

작가이자 철학자인 움베르토 에코Umberto Eco의 대표작이죠. 두말할 필요 없이 재미있는 작품입니다. 다만 서양 중세사에 완전 깜깜이라면 지루함을 느낄 수도 있습니다만, 보통의 상식 정도만 갖고 있으면 읽는 데 지장은 없습니다. 읽으면서 서양 중세사를 공부한다고 생각하면 되죠.

『장미의 이름*The Name of the Rose*』은 역사소설이자 추리소설입니다. 기호학이며 정치학이기도 하고요. 신앙과 독단, 근본주의와 지적 관용이 무엇인지 새길 수 있는 텍스트이기도 합니다. 현대사에 정통한 독자라면 서로를 이단으로 부르면서 싸우는 사제들의 모습에서 '사상투쟁'에 열중하던 예전 사회주의자들의 모습을 읽어낼 수도 있습니다.

움베르토 에코, 1984년

Part 8

어딘가 현대적이었던 헬레니즘 세계

'헬레닉'과 '헬레니스틱'의 차이

영어로 헬레니즘 시대는 Hellenistic Period라고 쓰는데요. hellenic이 아니고 hellenistic입니다. hellenic이 '그리스의' 정도의 뜻이라면 hellenistic은 '그리스적'입니다. 뭐가 다르냐고요? 그리스적인 건 그리스에 직접 속하는 게 아니거든요.

그리스 본토와 이오니아 해변, 지중해의 수많은 섬들 그리고 심지어 시칠리아와 이탈리아의 몇몇 해변과 스페인에 위치한 그리스 식민지들까지도 그리스 세계hellenic world에 속하지만, 알렉산드로스 대왕의 정복 덕분에 생겨난 알렉산드리아는 그리스적인 도시지 그리스 자체는 아니란 얘기죠.

hellenistic
여기가 꼭
그리스처럼 생겼지만
진짜 그리스는 아니거든요.
#알렉산드리아 풍경

헬레니즘이란 용어는
그리스의 옛말인
헬라스Hellas에서 유래했다.

시기를 따져보자면 헬레니즘 시대는 알렉산드로스 대왕이 사망한 기원전 323년에서 로마가 헬레니즘 세계를 정복한 기원전 31년까지를 말합니다. 300년 정도의 기간이죠. 고대 그리스가 로마에 병합된 기원전 146년에 헬레니즘 시대가 끝났다는 주장도 있습니다. 하지만 알렉산드로스 대왕의 세계 정복이 만들어낸 결과를 살펴보는 게, 시기를 따지는 것보다 더 중요한 일입니다.

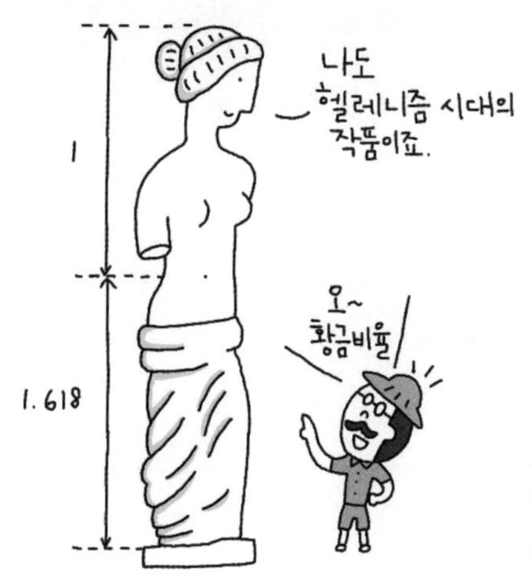

나도 헬레니즘 시대의 작품이죠.
1
1.618
오~ 황금비율

「**밀로의 비너스** Venus de Milo」
1820년 당시 오스만 제국에 속했던 밀로스섬에서 발견된 아프로디테 조각상이다. 기원전 130~100년경 제작된 걸로 추정한다. 현재 소장하고 있는 파리 루브르 박물관을 방문하면 꼭 찾아보아야 할 작품이다.

헬레니즘의 가장 큰 의의는 그 전까지 오직 그리스와 그 식민지에 국한되었던 그리스 문화가 세계화한 점입니다. 이어 로마제국이 그 문화를 이어받고, 이후 서양의 모든 나라가 그 문화를 이어받았죠. 그들이 우리나라를 포함한 동양의 여러 나라들보다 먼저 근대화를 이룩한 결과, 현재 전 세계가 그리스·로마 신화뿐 아니라 플라톤과 아리스토텔레스를 공부하고 있는 거고요.

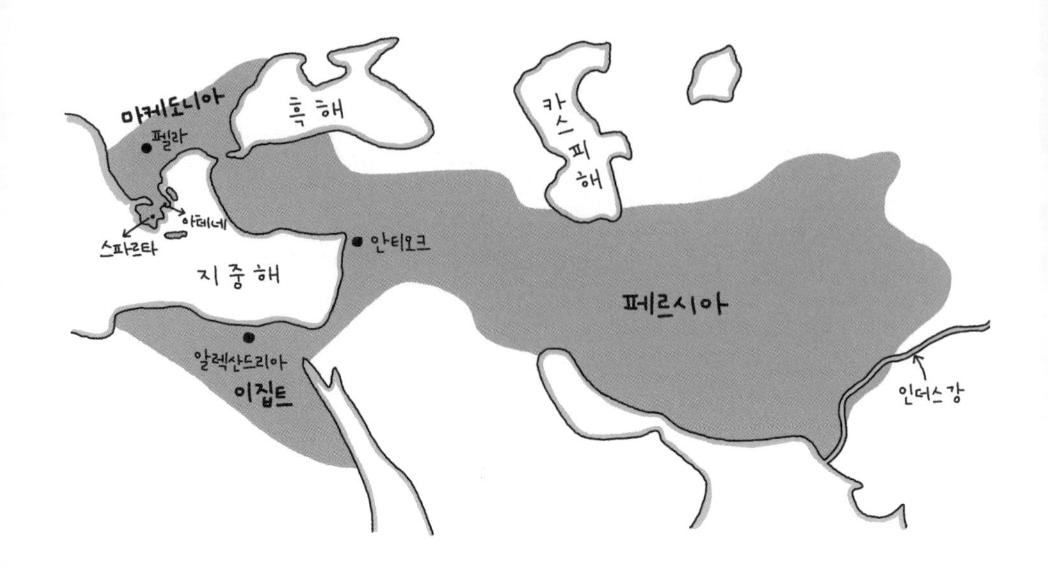

그런데 헬레니즘 시대는 여전히 hellenistic이란 수식어가 붙긴 해도 고전기 그리스와는 상당한 단절을 보여줍니다.

지도에서 보시다시피 알렉산드로스는 그리스 일대와 흑해 연안, 이집트, 페르시아, 아프가니스탄, 파키스탄에 걸치는 대제국을 건설했습니다. 이에 따라 그리스의 문화도 알렉산드로스 제국 전체로 퍼져나갔습니다. 하지만 알렉산드로스는 이집트 등 지중해 동쪽의 문화, 즉 오리엔트 문화 또한 배척하지 않고 받아들였습니다. 오히려 그리스 문화와 오리엔트 문화의 결합을 시도했죠. 그렇게 탄생한 헬레니즘 문화는 전대와는 다른, 새로운 문화로 자리 잡게 되었습니다.

알렉산드리아,
가장 현대적인
고대 도시

알렉산드로스 대왕은 정복하는 나라마다 자신의 이름을 따서 '알렉산드리아Alexandria'라는 도시를 건설했는데요. 그중 현재까지 살아남은 건 이집트 제2의 도시 알렉산드리아밖에 없습니다. 여기에 프톨레마이오스 1세가 세계 7대 불가사의 가운데 하나인 '알렉산드리아의 등대'를 세웠는데 14세기에 두 번의 지진으로 인해 붕괴해버렸다고 합니다. 고대 세계 최대 규모를 자랑하던 도서관도 있었는데, 플루타르코스에 따르면 카이사르가 실수로 태워버렸다고 하네요.

내 탓이오,
내 탓이오,
내 큰 탓이로다.
대도서관
라이터
율리우스 카이사르
Julius Caesar
기원전 100~44년
로마의 군인이자 정치가

고대인이 생각한 세계 7대 불가사의	· 이집트 기자Giza의 피라미드 · 바빌론Babylon의 공중 정원 · 알렉산드리아Alexandria의 등대 · 에페소스Ephesos의 아르테미스 신전 · 할리카르나소스Halikarnassos의 마우솔로스 영묘 · 올림피아Olympia의 제우스 상 · 로도스Rhodes의 거상

기원전 250년경 이 알렉산드리아에는 50만 명 넘는 인구가 살았으니, 당시 서양에서는 가장 큰 도시였다고 봐도 좋을 겁니다. 전성기 때는 100만 명까지도 인구가 늘어났다고 하네요.

알렉산드리아는 학문 연구의 중심이기도 했습니다. 유명 도서관 외에 무세이온Mouseion, 즉 뮤즈Muse의 공간이 많이 설립되었는데요. 여기에서는 직업적인 학자들이 일을 했습니다. 이건 상당히 새로운 현상이었죠.

무세이온
에… 저희 무세이온에는 석·박사 과정 대학원생만 20명 이상 연구 활동에 종사하고 있습니다.

Mouseion이 오늘날 Museum의 어원이다.

'직업'으로 학자 생활을 하는 사람들이 본격적으로 등장한 것입니다. 고전기 그리스에선 시민이라면 누구나 받아야할 교육을 파이데이아paideia라고 불렀다고 했죠? 이때만 해도 돈 받고 개인 교습을 해주는 소피스트들이나 학교를 세운 플라톤과 아리스토텔레스 정도가 있었을 뿐, 연구소 같은 곳에 소속되어 공부를 직업으로 삼는 학자는 없었습니다. 확실히 세상이 점점 분화되고 현대화된 느낌이죠?

오늘날 우리가 구분하는 문과·이과도 이때 생겼다고 할 수 있습니다. 바로 직전 아리스토텔레스만 해도 철학·미학·생물학·물리학·천문학 등을 닥치는 대로 연구했지만, 이 시기에 오면 학자들은 거칠게나마 전문 분야를 찾아갑니다.

철학·정치학·미학 쪽에 집중하는 사람들, 그리고 수학·물리학·천문학 등에 집중하는 사람들로 나뉘기 시작한 거죠. 다시 말해 인문학과 자연과학의 분리가 시작된 겁니다.

중세 이전
가장 과학이 발달했던
시대

세계 최초로 지구의 둘레를 잰 에라토스테네스Eratosthenes, 기원전 276년경~194년경는 헬레니즘 시대의 표본 같은 인물입니다. 그는 리비아의 큐레네에서 태어나 그리스의 아테네에서 공부했고 말년에는 알렉산드리아 무세이온의 관장 직을 지내다가 거기서 죽었습니다. 헬레니즘 시대가 얼마나 '글로벌'했는지 보여주는 좋은 사례이죠.

에라토스테네스는 시에네에서는 하짓날 정오에 태양 빛이 우물 바닥까지 닿는다는 말을 들었습니다. 그곳에서 5,000스타디아(미터법으로 925킬로미터) 정도 북쪽에 있는 알렉산드리아에선 하짓날 태양이 82.8도 각도로 비스듬히 비추며 그림자를 만들었죠.

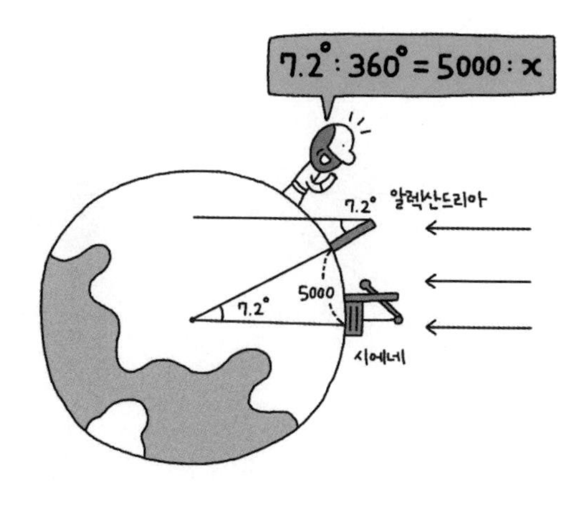

이것이 두 도시의 위도 차이 때문이라고 생각한 그는 이를 이용하여 지구 둘레를 계산한 후, 25만 스타디아(46,250킬로미터)라는 결론을 얻었습니다. 오늘날 측정한 지구 둘레가 40,120킬로미터이니, 거의 비슷하죠?

알렉산드리아의 유명 인사로 기원전 3세기경 활동했던 수학자 에우클레이데스Eukleides, 기원전 450년경~380년경를 빼놓을 수 없습니다. 오늘날 우리가 중고등학교에서 배우는 대부분의 공리와 정리들을 만드신 분입니다. 바로 그 유명한 유클리드Euclid 기하학 말이죠. 19세기 초까지도 기하학이라면 유클리드 기하학 외에는 생각조차 하지 못했고, 아인슈타인의 상대성 원리가 등장하고서야 비非유클리드 기하학에 대한 본격적인 연구가 시작되었으니 적어도 기하학에서 이룩한 그의 업적은 어마어마하다고 할 수 있습니다.

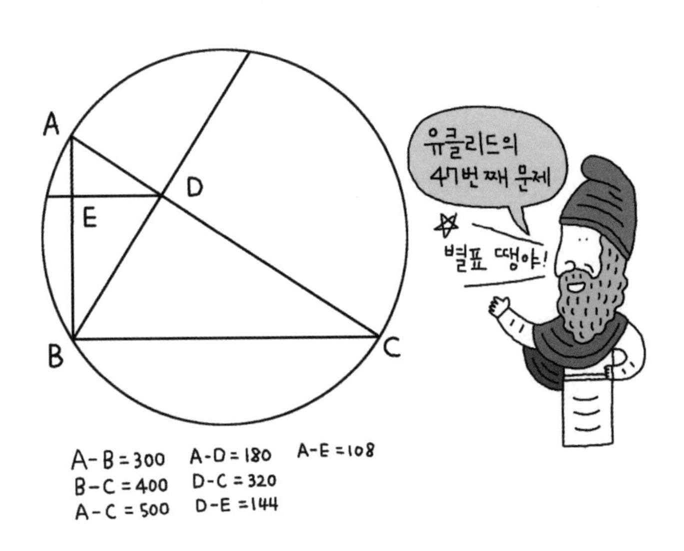

아르키메데스
Archimedes
기원전 287년경~212년

아르키메데스는 고대 그리스 세계의 가장 뛰어난 수학자라고 해도 무방합니다. 그는 시칠리아의 일부인 시라쿠사에 살았는데, 지배자의 명령에 따라 온갖 전쟁 무기들을 고안해내기도 했습니다. 거대한 오목 렌즈로 태양 빛을 모아 적의 함선을 불태우거나, 거대한 기중기로 함선을 들어 올렸다는 이야기도 있죠.
로마가 시라쿠사를 정복했을 때 아르키메데스는 바닥에 도형을 그리면서 무언가를 연구하고 있었는데, 로마 병사가 자기 앞으로 오자 "내 원을 밟지 말라."고 말했다가 그에게 살해당했다는 이야기도 전해집니다. 당시 시라쿠사를 침공했던 장군 마르켈루스는 그 소식을 듣고 무척 화를 내면서 해당 병사를 사형에 처했다고 합니다.

아리스토텔레스가 자연과학의 핵심적인 방법 중 하나인 '관찰'을 정립했다면, 시라쿠사의 아르키메데스는 본격적으로 '실험'을 도입한 인물입니다. 고대 세계의 가장 뛰어난 수학자이자 물리학자였던 그는 지렛대의 원리를 밝혀내는 등 특히 역학 분야에서 두각을 나타냈습니다. 목욕탕에서 비중比重의 문제를 풀고 나서 "유레카Eureka!" 하고 외쳤다는 이야기로도 유명하죠.

헬레니즘 시대에는 이렇게 자연과학이 눈부시게 발전했습니다. 사모스 출신의 아리스타르코스는 천문학에서 태양 중심론을 제기했는데, 다들 아시다시피 자그마치 2천여 년 후에 갈릴레오가 같은 이야기를 하다가 교황청의 심문에 걸려 고생했습니다. 유럽은 로마 시대와 중세를 거쳐왔지만 적어도 천문학에 관한 한 헬레니즘 시대보다 나아지기는커녕 더 뒤처진 셈입니다.

아리스타르코스Aristarchos, 기원전 310년경~230년는 태양의 크기를 측정하기도 했습니다. 실제 크기보다는 훨씬 적게 추정하긴 했지만 이런 시도 자체가 굉장한 일 아니겠어요?

유럽인들이 아리스타르코스의 천문학 모델 대신 채택한 건 프톨레마이오스 클라우디오스의 천문학입니다. 그는 수학을 이용하여 플라톤과 아리스토텔레스 때부터 내려오던 지구 중심 모델을 매우 정교

제가
아리스토텔레스 선생의
모델을 좀 더 정교하게
다듬었지요.
천동설

클라우디오스 프톨레마이오스
Klaudios Ptolemaeos
83년경~168년경

지구가 돈다고?
말도 안 돼!
법원

흥, 그래도
지구는 돌고 있거든.

갈릴레오 갈릴레이
Galileo Galilei
1564~1642년

하게 다듬었습니다. 물론 프톨레마이오스의 모델을 적용하면 항성들의 움직임은 규칙적인데 반해 행성들은 (특히 화성이 일시적으로 후진 운동을 하는 등) 비정상성irregularity이 나타나지만, 행성들의 주전원epicycle 운동 등의 개념을 도입해서 문제를 해결했습니다.

태양을 중심에 놓는 아리스타르코스의 우주관을 채택하면 복잡한 문제들이 대부분 단순해지는데, 그러지 못한 이유가 무엇이었을까요? 고전기 그리스 때만 해도 눈으로 보기에는 해와 달이 움직이고 있으니 그런 생각을 떠올리기 쉽지 않았다면, 로마와 중세 때는 과학지식의 발전에도 불구하고 기독교적 우주관이 지배했기 때문이라고 보는 게 무난합니다. 니콜라스 코페르니쿠스와 갈릴레오를 탄압한 사람들이 누군지 보면 분명하죠.

이 시대에는 예술도 이전과는 조금 달랐습니다. 앞서 기원전 4세기에는 소포클레스보다는 에우리피데스가, 그리고 메난드로스의 시트콤 같은 희극이 유행했다고 말씀드렸죠. 다른 말로 하면 흥미 위주의 이야기가 더 많아졌다는 뜻입니다.

관객들 취향이 인간과 세계에 대한 진지한 탐구보다는 현실 도피와 말초적 쾌락에 더 기울었다고나 할까요.

문학 쪽을 더 살펴보면, 기원전 3세기에 등장한 새로운 산문 형식 작품으로 유명한 『이아손과 아르고호』가 있는데요. 황금 양피를 찾으러 가는 이아손 일행의 이야기입니다. 그런데 에우리피데스의 『메데이아』에서는 제 자식을 죽이는 악녀로 묘사되었던 메데이아가 여기서는 거의 주인공 이아손 못지않은 활약을 하죠. 이아손이 손발이라면 메데이아는 머리 역할을 한다고 할까요.

스트레스에 지친 도시인을 위한 철학

이 시대의 가장 유명한 철학자는 에피쿠로스 그리고 키티온의 제논입니다. 그런데 제논이 창시한 스토아주의와 에피쿠로스의 쾌락주의는 겉보기에 서로 굉장히 다르지만, 그들의 생활은 매우 유사했다고 합니다.

스토아주의는 일종의 **도저한 비관주의**라고도 할 수 있습니다. 스토아학파가 보기에 인생은 고통의 연속이며, 따라서 살면서 일어나는 일에 일일이 감정적으로 반응하는 것은 고통을 심화시킬 뿐입니다.

욕심을 버리고
자연과 일치하는
삶을 살아야 합니다.
참고로
전, 엘레아 출신의
철학자, 제논과는
다른 사람입니다.
아~ 나른해..

제논
Zenon
기원전 335~263년경
스토아학파의 대표적인 철학자

그리하여 모든 고통을 초월하겠다는 노력으로 도달하는 게 무감동, 즉 아파테이아Apatheia 상태인 거죠.

반면 에피쿠로스가 보기에 인간은 행복을 추구해야 하는 존재입니다. 행복을 이루는 가장 중요한 요소는 쾌락의 만족이고요. 그런데 여기서 그는 우리가 생각하는 감각적이고 육체적인 쾌락보다는 정신적이고 지속적인 쾌락을 추구하는 편이 낫다고 말합니다. 왜냐하면 감각적인 쾌락은 지속되기 어렵고, 하나를 얻으면 그보다 더 강한 자극을 원하게 되니까요. 에피쿠로스의 방식으로 도달하는 게 바로 평정, 즉 아타락시아Ataraxia입니다.

결과적으로 제논과 에피쿠로스는 남들이 보기엔 비슷하죠. 그런데 이 시대의 철학이 예전과 가장 다른 점이 무엇이었을까요?

스토아학파와 에피쿠로스학파 모두 예전 자연 철학자들처럼 원자론 같은 사물의 본질에 관해 연구했지만, 정작 사람들 주목을 끈 것은

"어떻게 살 것인가?" 하는 처세술적 철학이었습니다. 다시 말해 헬레니즘 시대의 철학은 구체적인 실용성보다 세상살이의 마음가짐을 가르쳐주는 철학이었던 거죠.

만족을 원하세요?
욕구의 수준을
확 낮추세요.
꼴찌라서
행복해~

에피쿠로스
Epicouros
기원전 341~270년

세상이 어지럽고 변화가 많을 때 이런 경향이 나타난다고 하죠. 그리스에선 전통적인 폴리스가 무너지고, 알렉산드로스가 정복한 나라들로부터 생전 처음 보는 외국 문물이 쏟아져 들어오던 그때가 바로 급변의 시대였습니다. 그 시대의 세상은 뭐랄까, 보통 사람들 입장에선 굉장히 스트레스가 많은 세계였던 거죠. 말초적이고 자극적인 문학과 예술이 유행한 것도 그런 이유 때문이었다고 볼 수 있습니다. 어쩌면 헬레니즘 세계는 고대 세계 중에서도 가장 현대의 분위기에 가까웠던 곳이 아니었을까 하는 생각이 드네요.

함께 읽으면 좋은 책

- ✓ 메난드로스 희곡집
- ✓ 월 듀런트의 『문명이야기』 2-1, 2-2

작자 미상, 「신희극 마스크와 메난드로스」, 기원전 1세기~기원후 1세기

메난드로스 희곡집

고대 그리스의 유명한 희극 작가인 메난드로스Menandros의 작품들입니다. 앞서 소개한 고대 그리스의 '신식' 희극입니다. 대표적인 작품으로는 「조정재판 *Epitrepontes*」, 「까다로운 성격자 *Dyskolos*」 등이 있습니다. 그리스 고전극에 관심 있는 분만 읽으세요. 확실히 예전의 드라마와는 다르다는 걸 느낄 수 있을 겁니다.

월 듀런트의 『문명이야기』 2-1, 2-2

대표작 『철학이야기』를 읽은 분은 이미 아시겠지만, 어려운 이야기를 쉽게 설명하는 데는 둘째가라면 서러워할 철학자 월 듀런트가 쓴 '그리스이야기'입니다. 이 책은 열한 권으로 된 장대한 대역사서 중 그리스 문명사만을 다룹니다. 듀런트는 『철학이야기』를 발표한 이후 약 50년 동안 다른 작업은 거의 모두 제쳐두고 이 『문명이야기*The Story of Civilization*』를 쓰는 일에만 매진했다고 합니다. 여기서 제가 권하는 '그리스이야기'는 둘째 권입니다.

듀런트의 지식과 재능, 그리고 문장은 이 책에서도 반짝반짝 빛이 납니다. 그의 그리스이야기를 읽다 보면 마치 고대의 범선을 타고 잔잔한 지중해를 항해하면서, 미노스왕의 궁전이 있는 크레타섬에서 그리스 본토를 거쳐 터키 서해안에 있는 이오니아의 섬들을 순회하며 지중해 연안의 그리스 문화사를 눈으로 돌아보는 느낌이 듭니다. 키토의 『고대 그리스, 그리스인들』과 비교해서도 깊이와 가치가 조금도 떨어지지 않습니다. 게다가 윌 듀런트 특유의 유머까지 살아 있습니다.

제가 쓴 이 작은 책은 읽고 복습 및 심화학습을 하는 기분으로 읽어도 좋을 책입니다. 그렇다고 해서 내용이 거의 같은 건 아니에요. 제 책은 고대 그리스에 대한 접근법이 듀런트의 책과 많이 달라서 두 책은 서로 겹치기보다는 보완적인 성격이 더 강한 듯합니다. 그리고 사실 듀런트의 책은 그리스 역사와 문화를 전혀 모르는 독자가 접근하기는 조금 어렵습니다. 저의 책이나 다른 그리스 관련 서적을 먼저 읽지 않은 독자라면 처음 듣는 이름과 지명, 칭호 등이 마구 등장해서 당황할 수밖에 없어요.

참고로 듀런트의 『문명이야기』 2편을 읽은 후 다른 편들도 읽으면 좋습니다. 2017년 5월 현재 우리나라에는 '르네상스'를 다룬 5편까지 나와 있어요.

그리스가 없었더라면 우리는

그리스는 북방의 야만인 필립포스와 그 아들 알렉산드로스의 눈치를 보는 신세가 됩니다. 하지만 그리스의 정체政體가 힘을 잃었음에도 그리스 문화는 알렉산드로스와 함께 더 멀리 뻗어나갔습니다. 그의 정복사업과 더불어 서쪽으로 이탈리아의 마그나 그라이키아에서 동쪽으로 페르시아를 넘어 인도 변경까지 플라톤과 에우리피데스가 알려지는 것입니다. 그리고 알렉산드로스의 죽음 이후에도 그리스는 유럽과 이집트, 소아시아를 아우르는 넓은 땅에 흔적을 남깁니다. 그리고 마침내 알렉산드로스가 남긴 제국을 분할했던 장군들의 시대가 끝나자 로마가 그 자리를 대신했고, 그리스는 로마 속에서 온전히 살아남았습니다.

셸리가 쓴 「헬라스」의 서문에서, "우리는 모두 그리스인이다."의 다음 문장은 이렇게 이어집니다.

> 그리스가 없었더라면, 선생이자 정복자, 혹은 우리 조상들의 고향 도시인 로마는 품 안에 빛나는 지혜를 담지 못했을 것이며, 어쩌면 우리는 여전히 야만인이자 우상 숭배자로 남았을지도 모른다.

역시 셸리의 말이 맞습니다. 그리스가 없었다면 로마는 그저 힘센 야만인들의 제국에 불과했을지도 모릅니다. 하지만 동아시아의 중원을 정복한 민족들다 모두 한漢 나라의 문화를 흡수해서 자기 것으로 만들었듯이, 로마인들은 그리스 문화를 자기 것으로 만들었고, 그렇게 탄생한 그레코-로만Greco-Roman 문화는 오늘날까지 전 세계를 지배하고 있습니다.

기원전 8세기경 이탈리아의 테베레 강가에서 태어난 로마는 천년의 세월 동안 공화국과 제국의 모습으로 지중해 주변을 지배하다가, 476년에 이르러 야만족에게 유럽을 빼앗기고 아시아 땅에서 '비잔틴 제국'이라는 별명으로 또 다른 천년을 지속했습니다. 그러나 로마가 멸망한 후, 아시아와 유럽에서 이를 공식화했지만 서양의 '로마 사랑'은 사라지지 않았습니다. 결국 볼테르의 말마따나, 신성하지도 않고 로마도 아니고 제국도 아닌 '신성로마제국'의 시대까지 이어지게 되었습니다.

서구인들이 '로마'라는 이름에 이렇게도 집착했던 이유는 무엇일까요? 답은 쉽고도 분명합니다. 서구 역사상 로마는 가장 강하고, 가장 찬란한 나라였기 때문입니다. 서구인들에게 그리스가 문화적 고향이라면, 로마는 정치적 고향입니다. 로마의 몰락 이래 서구 정치가들은 누구나 로마를 이상理想으로 생각했습니다. 샤를마뉴나 오토 황제가 로마 황제를 참칭한 이유도 그 때문이겠죠.

근대가 오기까지, 아니 근대에 와서도 한참 동안 로마는 모든 정치적 담론의 규준이었습니다. 이를테면 마키아벨리의 『군주론』이나 루소의 『사회계약론』 등 정치학의 고전을 읽어보세요. 조금 과장해서 말하자면 전부 로마 이야기입니다. 로마의 형성, 로마의 제도, 유명한 로마인의 일화 등등. 18세기 말 미국혁명을 주도한 미합중국 헌법 제정자들Founding Fathers이 모델로 삼았던 체제가 공화국 시절의 로마였다는 사실은 유명하죠. 현재 세계 최강의 국가가 로마를 모범으로 만들어졌다는 이야기입니다.

서구 역사상 가장 강하고, 가장 찬란했던 나라, 로마. 여러분은 이미 '그리스'를 읽었으니, '로마'는 좀 더 쉬울 것입니다. 로마 군단은 독창적인 제도였지만, 로마 문화 전반은 그리스 문화를 기반으로 했기 때문입니다. 로마에 대한 공부는 제가 쓴 다음 가이드북을 읽는 것으로 시작해도 좋겠군요.

곽동훈

참고문헌

게오르크 루카치, 2014, 『소설의 이론』, 문예출판사.

메난드로스, 2014, 『메난드로스 희곡』, 숲.

소포클레스, 2009, 『오이디푸스 왕』, 민음사.

소포클레스, 2014, 『안티고네』, 새문사.

아리스토텔레스, 2002, 『시학』, 문예출판사.

에디스 해밀턴, 2017, 『에디스 해밀턴의 그리스·로마 신화』, 현대지성.

에우리피데스, 2009, 『에우리피데스 비극전집1』, 숲.

움베르토 에코, 2009, 『장미의 이름』, 열린책들.

천병희, 2015, 『오뒷세이아』, 숲.

천병희, 2015, 『일리아스』, 숲.

칼 포퍼, 2006, 『열린사회와 그 적들 I』, 민음사.

크세노폰, 2011, 『페르시아 원정기』, 숲.

크세노폰, 2012, 『헬레니카』, 아카넷.

크세노폰, 2015, 『소크라테스 회상』, 종합출판범우.

토마스 불핀치, 2011, 『그리스·로마 신화』, 혜원출판사.

토머스 홉스, 2007, 『리바이어던』, 서해문집.

투키디데스, 2011, 『펠로폰네소스 전쟁사』, 숲.

프리드리히 니체, 2007, 『비극의 탄생』, 아카넷.

플라톤, 2008, 『플라톤의 대화편』, 창.

플라톤, 2013, 『국가』, 숲.

플루타르코스, 2016, 『플루타르코스 영웅전 전집』, 현대지성.

헤로도토스, 2009, 『역사』, 숲.

H. D. F 키토, 2008, 『고대 그리스, 그리스인들』, 갈라파고스.

찾아보기

인문학 일러스토리 I

모든 것은 그리스에서 시작되었다

초판 1쇄 인쇄 2017년 5월 30일
초판 1쇄 발행 2017년 6월 15일

지은이 곽동훈
그린이 신동민

펴낸곳 지오북(**GEO**BOOK)
펴낸이 황영심
편집 김소희, 문윤정, 이민희
디자인 김정민, 김정현

주소 서울특별시 종로구 사직로8길 34, 오피스텔 1018호
(내수동 경희궁의아침 3단지)
Tel_02-732-0337 Fax_02-732-9337
eMail_book@geobook.co.kr
www.geobook.co.kr
cafe.naver.com/geobookpub

출판등록번호 제300-2003-211
출판등록일 2003년 11월 27일

ISBN 978-89-94242-50-7 04100
978-89-94242-49-1 (세트)

이 도서의 국립중앙도서관 출판예정도서목록(CIP)은 서지정보유통지원시스템 홈페이지(http://seoji.nl.go.kr)와 국가자료공동목록시스템(http://www.nl.go.kr/kolisnet)에서 이용하실 수 있습니다.(CIP제어번호: CIP2017008041)